# AYURVEDA

La ciencia de curarse uno mismo

# AYURVEDA

## La ciencia de curarse uno mismo

*Guía práctica
de medicina ayurvédica.*

Dr. Vasant Lad

LOTUS
PRESS
Twin Lakes, WI
U.S.A.

## Comunicación Importante para el Lector

Si los síntomas de cualquier enfermedad se hacen manifiestos, o si empeoran, o en caso de existir alguna razón para creer que los servicios de un médico son necesarios para el bienestar del paciente, debiera buscarse ayuda médica sin demora, como lo rcomienda el autor. El autor, los publicadores o los distribuidores de esta obra no asumen ninguna responsabilidad si usted decide usar la información provista en este libro para tratar sus propias enfermedades o las de otros.

Título de la obra en inglés:
Ayurveda. The Science of Self-Healing
© 1984 por Vasant Lad
Primera edición e español: noviembre de 1988

Los pedidos de información acerca de esta obra deben dirigirse a:
Lotus Press
P.O. Box 325
Twin Lakes, WI 53181
Estados Unidos
Teléfono: (262) 889-8561 (oficina)
Fax: (262) 889-2461
lotuspress@lotuspress.com
www.lotuspress.com

Edición en español: 978-0-9409-8557-5
Número de tarjeta de la Biblioteca del Congreso
de los Estados Unidos: 2002116728

Impreso en USA

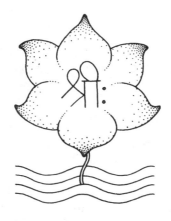

*Dedicado a mi Madre, Padre, Satguru-Hambir Baba y a mi querido Pappu, quienes me dieron a conocer la vida, el amor, la compasión, la sencillez y la humildad.*

# Reconocimientos

El autor desea reconocer a las siguientes personas cuyos esfuerzos han contribuido a la creación de este texto.

**Angela Werneke**, artista, responsable de todo el trabajo artístico del libro: portada, cuadros, diagramas y tablas. La tarea de Angela ha contribuido a darle otra dimensión al libro. **David Mackenzie**, fotógrafo, al cual se le agradece su trabajo en la presentación artística. **Malinda Elliot y Harriet Slavitz**, editoras, quienes dieron mucho de su tiempo, esfuerzo y dedicación para preparar el manuscrito. **Lavon Alt**, mecanógrafa, quien organizó el índice. **Susan Voorhees, Becky Vogel, Peter Fisk y Win Hampton**, modelos, quienes dieron su tiempo y esfuerzo al posar para las fotografías. **Jim Redlich**, por su apoyo y compromiso con la Ayurveda. **Lenny Blank**. Finalmente, el autor desea expresar aquí su agradecimiento especial a **Lennyji**, quien ha sido guía e inspiración para escribir este libro. Sin su total dedicación y compromiso, este libro todavía estaría en un "estante" de la mente del autor. No hay palabras para expresarle mi gratitud a este querido amigo.

❄

# TABLA DE CONTENIDO

# PREFACIO

La inspiración del autor para escribir este libro surgió de la convicción de que Ayurveda se debería compartir con el Occidente de una manera sencilla y práctica. Aunque la Ayurveda hasta ahora se ha visto como una ciencia esotérica, es, en realidad, una ciencia de la vida, simple y práctica, cuyos principios son universalmente aplicables a la existencia diaria de cada individuo. La Ayurdeva se dirige a cada elemento y faceta de la vida humana y ofrece una guía para quienes buscan mayor armonía, paz y longevidad y ha sido probada y enriquecida a través de muchos siglos. La sabiduría que hay en la presente obra será de gran valor para el lector. La ciencia de la Ayurveda no se basa en datos continuamente examinados como producto de la investigación, sino en la sabiduría eterna de los *rishis*, quienes transmitieron esta ciencia que expresa la perfección de la Totalidad de la Conciencia Cósmica, a través de la meditación introspectiva, religiosa. La Ayurveda es una ciencia sin tiempo; se espera que el reflejo y análisis que aquí se presentan  sean útiles al lector; a lo largo de toda su vida.

La Ayurveda abarca ocho ramas principales: pediatría, ginecología, obstetricia, oftalmología, geriatría, otorrinolaringología (oído, nariz, garganta), medicina general y cirugía. Cada una de estas especialidades médicas se rige por la teoría de los cinco elementos (éter, aire, fuego, agua y tierra); la *tridosha*, o los tres humores corporales, los siete *dhatus*, o tejidos corporales; las tres *malas* (orina, excremento y sudor); y la trinidad de la vida: cuerpo, mente y conciencia espiritual. En el texto introductorio se explicarán ampliamente dichos conceptos.

La meta principal de este libro es presentar un resumen básico de la Ayurveda, además de incluir las técnicas de examen, diagnóstico y tratamiento; así como otras, para favorecer la longevidad; usar los remedios con plantas medicinales y otros aspectos prácticos cotidianos para conservar la salud.

Una vez que el lector haya adquirido un conocimiento básico de la Ayurveda, todavía le quedará mucho por explorar en los escritos de los sabios ayurvédicos, tales como *Sushutra* (quien escribió hace más de dos mil años un texto clásico de cirugía: *Sushutra Samhita* ) y el de los médicos ayurvédicos modernos. Los escritos de *Sushutra* se adelantaron mucho a la medicina moderna: estudió en detalle, entre otras cosas, la autopsia y los procedimientos de cirugía plástica que, siglos después, se usaron como base de la cirugía plástica moderna. También perfeccionó técnicas de reconstrucción de huesos rotos para lo que utilizó clavos, identificó puntos vitales en el cuerpo (*marmas* ), que están relacionadas con los diferentes órganos, por lo que descubrió que un trauma externo en estos puntos puede ser extremadamente serio o fatal. Entre sus muchas contribuciones, *Sushutra* también descubrió un tratamiento especial: la sangría, que practicaba para curar los desórdenes sanguíneos, congénitos o hereditarios. Como se habrá notado, es obvio que tenemos mucho que aprender de los antiguos maestros de la Ayurveda.

La sabiduría de la Ayurveda está escrita en sánscrito, el antiguo idioma de la India. Por lo que para explicar ciertos conceptos médicos ayurvédicos, que no tienen un equivalente adecuado en español, el autor emplea términos en el idioma original. Cuando aparezcan por primera vez estas palabras, se explicarán de forma clara y sencilla.

Este es el primer libro del autor, y desea reconocer a sus mentores de Ayurdeva, especialmente a *Vaidya B. P. Nanal;* la escuela de medicina *Tilak Ayurveda Mahavidhyalaya* -donde el autor estudió y después trabajó como profesor y conferencista de medicina interna y al *Hospital Ayurvédico Seth Tarachand Ramnath* donde el autor recibió su entrenamiento práctico, hizo su residencia médica y sirvió como Director Médico. También desea agradecer el amor, compasión y el apoyo de sus estudiantes y amigos quienes lo inspiraron a escribir esta obra. También ofrece su gratitud al lector, quien en su compromiso por aprender y crecer, se abre a la ciencia de la Ayurveda, tal como se presenta en estas páginas.

Dr. Vasant Lad
Santa Fe, Nuevo México
Enero de 1984

# CAPÍTULO I
# Historia y filosofía *

La Ayurveda abarca no sólo la ciencia, sino también la religión, y la filosofía. Usamos la palabra *religión* para referirnos a las creencias y disciplinas que conducen a estados del ser, en los cuales las puertas de la percepción se abren a todos los aspectos de la vida. En la Ayurveda el viaje de la vida se considera sagrado. La palabra filosofía se refiere al amor por la verdad, y en Ayurveda, la verdad es el Ser, la Existencia Pura, la Fuente de la Vida. La Ayurveda es una ciencia de la verdad expresada en la vida.

Toda la literatura ayurvédica se basa en la filosofía *Samkhya* de la creación (las raíces de la expresión *Samkhya* son dos palabras sánscritas: *sat* que significa "verdad", y *khya*, "saber") Se pide al lector que mantega la mente y el corazón abiertos a esta filosofía debido a su íntima conexión con la Ayurveda.

Los seres iluminados que vivieron hace miles de años, llamados "buscadores de la verdad", la descubrieron a través de disciplinas y prácticas religiosas. Al partir de una meditación intensiva, manifestaron la Verdad en su vida diaria. Este sistema de conocimientos parte de la iluminación religiosa, filosófica y práctica de los *rishis*, y se deriva de su conocimiento de la creación. Estos hombres percibieron cómo la energía cósmica se manifiesta tanto en los seres vivientes como en los inanimados. También comprendieron que en la fuente de toda existencia está la Conciencia Cósmica que se manifiesta como energía masculina y femenina, *Shiva* y *Shakti*.

El *rishi Kapila*, quien desarrolló la filosofía *Samkhya* de la creación, descubrió veinticuatro principios o elementos del universo.** *Purusha* es el principio masculino, y *Prakruti* el

---

*Este capítulo, que quizá sea un poco difícil para lectores que no tienen conocimientos previos sobre los temas discutidos, puede leerse al principio, al final, o en cualquier momento que resulte más claro.
** Los veinticuatro principios o elementos específicos de la filosofía Samkhya son los siguientes: prakruti, mahad, ahamkar, cinco facultades sensoriales, cinco órganos motores, la mente y los cinco sentidos.

femenino. *Purusha* no tiene forma ni color, está más allá de cualquier atributo y no participa activamente en la manifestación del universo; no tiene facultad para elegir; es la "conciencia pasiva".

*Prakruti* tiene forma, color y atributos: es la Conciencia con facultades para elegir, es la Voluntad Divina, el Uno que desea manifestarse en muchos. El universo es el niño nacido del vientre de *Prakruti,* la Divina Madre.

*Prakruti* crea todas las formas del universo, mientras *Purusha* es el testigo de esta creación. *Prakruti* es energía física primordial que contiene los tres atributos o *gunas* encontrados en la naturaleza, en el Cosmos.

Los tres atributos son: *satva* (esencia), *rajas* (movimiento), y *tamas* (inercia). Estos tres son los fundamentos de toda existencia; están en equilibrio dentro de *Prakruti* . Cuando este equilibrio se altera, hay una interacción de la *gunas,* que engendran la evolución del universo.

La primera manifestación de *Prakruti* es el Intelecto Cósmico *(Mahad).* De éste se forma el Ego *(Ahamkar)* . Con la ayuda de *satva*, el Ego se manifiesta en los cinco sentidos *(tamatras),* y en los cinco órganos motores, creando así el universo órganico. El mismo Ego sigue manifestándose, con la ayuda de *tamas,* en los cinco elementos básicos, para crear el universo inorgánico.

*Rajas* es la fuerza vital y activa del cuerpo, mueve los universos orgánico e inorgánico hacia *satva* y *tamas*, respectivamente. Por lo tanto, *satva* y *tamas* son inactivos, energías en potencia que necesitan la fuerza activa y cinética de *rajas. Satva* es potencial creativo *(Brahma); rajas* es fuerza cinética, protectora *(Vishnu);* y *tamas* es fuerza destructiva en potencia *(Mahesha).* Creación *(Brahma),* protección *(Vishnu)* y destrucción *(Mahesha)* son las tres manifestaciones del primer sonido, el sonido-sin-sonido cósmico *OM* que constantemente opera en el universo.

14

## Cuadro 1
### Filosofía *Samkhya* de la creación

***Purusha*** no se manifiesta, no tiene forma, es pasivo, está más allá de los atributos, de causas y efectos, del espacio y del tiempo. *Purusha* es la existencia pura. ***Prakruti*** es la fuerza creativa en acción, la fuente de la forma, de la manifestación, de los atributos y de la naturaleza. *Mahad* es la Inteligencia Cósmica, de los atributos y de la naturaleza. *Mahad* es la Inteligencia Cósmica o *buddhi*. *Ahamkar* es el ego, el sentimiento de "yo soy". *Satva* es estabilidad, el aspecto puro, el despertar, la esencia y la luz. *Rajas* es el movimiento dinámico. *Tamas* es estático, es energía potencial, inercia, obscuridad, ignorancia y materia.

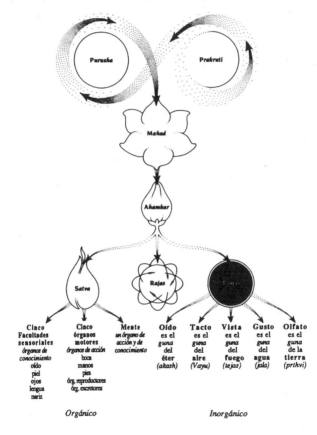

15

## LA PRIMERA CIENCIA DE LA VIDA

La Ayurveda es un sistema holístico de medicina que se desarrolló y se practica mucho en la India. La palabra Ayurveda es un término sánscrito que significa "ciencia de la vida". *Ayur* significa vida o rutina, y *veda* es conocimiento. La Ayurveda fue primeramente escrita en los anales más antiguos del mundo, los Vedas. Este sistema de curación se ha practicado cotidianamente en la India desde hace más de cinco mil años.

## LA AYURVEDA Y EL POTENCIAL HUMANO

La Ayurveda enseña que el hombre es un microcosmos, un universo en sí mismo. Es el hijo de las fuerzas cósmicas externas, el macrocosmos. Su existencia individual es inseparable de la manifestación cósmica total. La Ayurveda concibe la salud y la enfermedad en términos integrales, tomando en consideración la relación inherente entre el espíritu individual y el cósmico, entre la ciencia individual y la cósmica, entre energía y materia.

De acuerdo con las enseñanzas de la Ayurveda, cada ser humano tiene cuatro sentidos espirituales y biológicos a saber: religioso, financiero, procreativo e instinto por la libertad. La salud es la base para realizar estos instintos. La Ayurveda ayuda a la persona sana a conservar la salud y al enfermo a obtenerla. Es una ciencia de la vida médico-metafísica, la madre de todas las artes curativas. La práctica de esta ciencia está encaminada a promover la felicidad, la salud y un desarrollo creativo.

A través de su estudio, cualquier persona puede adquirir el conocimiento práctico de la autocuración. Equilibrando adecuadamente las energías del cuerpo, se pueden reducir los procesos de deterioro físico y las enfermedades. La capacidad del individuo para la autocuración es el concepto básico de la Ayurveda.

### AYURVEDA, YOGA Y TANTRA

Ayurveda, *yoga* y *tantra* son las disciplinas de la vida que se han practicado en la India durante siglos. Se mencionan en las escrituras *védicas* y en los *Upanishads*. Yoga es la ciencia de la unión con lo divino, con la Verdad. *Tantra* es el método más directo para controlar la energía que crea la unión con la verdad; y la Ayurveda es la ciencia de la vida.

El propósito de cada práctica es ayudar al individuo a conseguir longevidad, rejuvenecimiento y autorealización. El objetivo de la *yoga* y *tantra* es la liberación, aunque sólo algunos individuos disciplinados son capaces de conseguir esta meta a través de dichas prácticas. Pero de todos modos, cualquier persona puede practicar la Ayurveda para obtener salud y longevidad.

En la evolución espiritual del hombre, la Ayurveda es el fundamento, la *yoga* es el cuerpo y el *tantra* la cabeza. Primero, es necesario entender la Ayurveda para poder experimentar la *yoga* y *tantra*. Así Ayurveda, *yoga* y *tantra* forman la trinidad independiente de la vida. Ninguna de estas prácticas existe por sí sola. La salud del cuerpo, de la mente* y de la conciencia,** depende del conocimiento y la práctica de esta trilogía en la vida diaria.

### AYURVEDA Y LA MENTE OCCIDENTAL

La mente y la medicina occidental tienden a generalizar y categorizar lo individual. Por ejemplo, de acuerdo al concepto occidental de lo "normal", lo que es común en la mayoría de la gente, constituye la norma. La Ayurveda sostiene que la normalidad debe ser evaluada individualmente, porque cada constitución humana manifiesta sus propias particularidades, temperamento y funcionamiento espontáneo.

En Oriente, la clave para el entendimiento es la aceptación, la observación y la experiencia; en Occidente es cuestionamiento, análisis y deducción lógica. La mente occidental generalmente confía en la objetividad, mientras en Oriente se pone más énfasis en la subjetividad. La ciencia oriental enseña a ir más allá de la división entre subjetividad y objetividad. Esta manera diferente de abordar las cosas puede explicar por qué muchos occidentales tienen dificultad para comprender la metodología de la Ayurveda.

---

*Mente, en este contexto, y en las páginas siguientes, significa las operaciones de razonamiento del intelecto.
**Conciencia denota las operaciones intuitivas del alma en comunicación directa con el Principio Divino y Fuente de Toda Vida.

Varias de las afirmaciones que se han hecho en este texto de introducción a la Ayurveda pueden suscitar las preguntas: ¿cómo? y ¿por qué? El autor recuerda al lector que tales interrogantes, aunque inevitables, no siempre se pueden contestar. También en la medicina moderna occidental algunos conceptos funcionan aunque no se comprendan. Por ejemplo, aunque los antibióticos se usen para destruir las bacterias que forman las toxinas en el cuerpo, no hay una explicación adecuada de cómo y por qué se forman dichas toxinas. Por otra parte, la Ayurveda es una ciencia integral en la cual es la suma de muchos elementos lo que constituye su verdad. Cuestionar los detalles antes de profundizar en esta ciencia, puede ser improductivo e insatisfactorio. Por esto se pide respetuosamente al lector que provisionalmente acepte puntos que a primera vista carezcan de una explicación adecuada, hasta que domine el conocimiento de la Ayurveda como un todo.

# CAPÍTULO II

# Los cinco elementos y el hombre

La Ayurveda surgió de las mentes de los "buscadores de la verdad", los *rishis*. Durante miles de años, sus enseñanzas se transmitieron oralmente de maestro a discípulo y después se transcribieron a la melodiosa poesía sánscrita. Aunque muchos de estos textos se han perdido a lo largo del tiempo, todavía hoy se conserva abundante conocimiento ayurvédico.

Originada de la Ciencia Cósmica, esta sabiduría fue recibida intuitivamente en el corazón de los *rishis*. Ellos percibieron que la conciencia era energía manifestada en los cinco elementos básicos: éter (espacio), aire, fuego, agua y tierra. Este concepto de los cinco elementos básicos es el fundamento de la ciencia ayurvédica.

Los *rishis* percibieron que, en un principio, el mundo existió en una forma no expresada de conciencia. De este estado de conciencia unificada se manifestaron las vibraciones sutiles del sonido-sin-sonido cósmico *OM*. De esta vibración apareció el éter. Este elemento etéreo comenzó a moverse; su movimiento sutil creó el aire, que es el éter en acción. La actividad del éter produjo fricción, y a través de ésta se generó el calor. Partículas de calor y energía se combinaron para producir una luz intensa, y de esta luz se manifestó el elemento fuego.

Así el éter se manifestó en el aire, y más tarde en el fuego, algunos elementos etéreos se disolvieron y se licuaron, de donde se produjo el elemento agua; que después se solidificó para formar las moléculas de la tierra.

De la tierra se formaron todos los cuerpos orgánicos vivientes, incluyendo los del reino vegetal, como hierbas y granos, y los del reino animal incluyendo al hombre. La tierra también contiene sustancias inorgánicas del reino mineral. Así, toda materia nace del vientre de los cinco elementos.

Los cinco elementos básicos existen en toda materia. El agua nos ilustra el ejemplo clásico: el estado sólido del agua, el hielo, es una forma del elemento tierra. El calor (fuego) latente en el hielo lo derrite, formando el elemento agua, que eventualmente se transforma en vapor, manifestándose el elemento aire. El vapor desaparece en el éter o espacio. Así los cinco elementos aire, fuego, agua y tierra están presentes en una sustancia. Todos se originaron de la energía de la Conciencia Cósmica; los cinco están presentes en toda la materia del universo. O sea que energía y materia forman un todo.

## EL HOMBRE COMO MICROCOSMOS

El hombre es un microcosmos de la naturaleza y, así como los cinco elementos básicos están presentes en toda materia, también existen en cada individuo. En el cuerpo humano hay muchos espacios que son la manifestación del elemento éter. Hay, por ejemplo, espacios en la boca, en la nariz, en el tubo digestivo, en las vías respiratorias, en el abdomen, en los capilares, en los vasos sanguíneos, en los tejidos y en las células.

El espacio en movimiento se llama aire, que es el segundo elemento cósmico, el elemento del movimiento. En el cuerpo humano, este elemento se manifiesta en la actividad mayor de los músculos, las pulsaciones del corazón, la expansión y contracción de los pulmones y los movimientos del estómago y los intestinos. A través de un microcosmos se ven las células en movimiento. Las respuestas a los estímulos generan los impulsos nerviosos aferentes y eferentes, es decir los movimientos sensoriales y motores. La actividad completa del sistema nervioso central es gobernada por el aire del cuerpo.

El tercer elemento es el fuego. El sol es la fuente del fuego y de la luz en el sistema solar. En el cuerpo humano, la fuente del fuego es el metabolismo. El fuego trabaja en el sistema digestivo y se manifiesta como inteligencia en la materia gris de las células cerebrales. También activa la retina que percibe la luz. Así, la temperatura del cuerpo, la digestión, los procesos del pensamiento y de la visión, son funciones del fuego corporal. Todo el metabolismo y el sistema enzimático es controlado por este elemento.

El agua es el cuarto elemento en el cuerpo. Se manifiesta en las secreciones de los jugos digestivos y las glándulas salivares, en las membranas mucosas, en el plasma y citoplasma. El agua es absolutamente vital para el funcionamiento de los tejidos, órganos y sistemas. Por ejemplo, la deshidratación como resultado de la diarrea y el vómito, debe tratarse inmediatamente para proteger la vida del paciente. Debido a su vital importancia, el agua del cuerpo se llama Agua de la Vida.

La tierra es el último y quinto elemento del cosmos que está presente en el microcosmos. La vida es posible en este plano porque la tierra sostiene todas las sustancias vivas e inanimadas en su superficie sólida. En el cuerpo, las estructuras sólidas - huesos, cartílagos, uñas, músculos, tendones, piel y pelo- se derivan de la tierra.

## LOS SENTIDOS

Los cinco elementos se manifiestan en el funcionamiento de los cinco sentidos del hombre así como en su fisiología, y están directamente relacionados con su habilidad para percibir el ambiente externo en el que vive. También están relacionados, a través de los sentidos, a cinco acciones que se expresan en las funciones propias de los órganos de los sentidos.

Los cinco elementos -éter, aire, fuego, agua, tierra- se relacionan con el oído, el tacto, la vista, el gusto y el olfato, respectivamente.

El éter es el medio a través del cual se transmite el sonido y de esta forma, el elemento etéreo se relaciona con la función del oído. El órgano de oír, manifiesta su acción a través del órgano del habla, que crea el sonido humano.

El aire se relaciona con el sentido del tacto, cuyo órgano sensorial es la piel y su órgano de acción la mano. La piel de la mano es especialmente sensible, siendo esta última la responsable de las acciones de sostener, dar y recibir.

El fuego, que se manifiesta como luz, calor y color, se relaciona con la vista. Los ojos, órganos de la vista, gobiernan la acción de caminar, y así se relacionan con los pies. Un ciego puede caminar, pero dicho acto, sin experiencia previa, no tiene una dirección definida. Los ojos dirigen la acción de caminar.

El agua está relacionada con el órgano del gusto; sin agua, la lengua no puede saborear. La lengua está muy relacionada

21

## Tabla 1
## Los cinco elementos,
## los órganos de los sentidos y sus acciones

| ELEMENTO | SENTIDOS | ÓRGANO DEL SENTIDO | ACCIÓN | ÓRGANO DE ACCIÓN |
|---|---|---|---|---|
| Éter | Oído | Oído | Habla | Órganos del habla *(lengua, cuerdas vocales, boca)* |
| Aire | tacto | piel | sostener | mano |
| fuego | vista | ojos | caminar | pie |
| agua | gusto | lengua | procrear | genitales |
| tierra | olfato | nariz | excretar | ano |

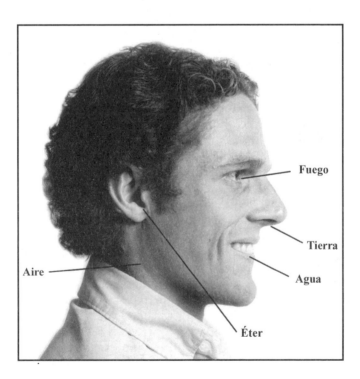

funcionalmente con la acción de los genitales (pene y clítoris). En la Ayurveda, el pene y el clítoris son considerados como la lengua baja, mientras la lengua en la boca, es la alta. La persona que controla la lengua alta, controla la lengua baja. El elemento tierra está relacionado con el sentido del olfato. La nariz, órgano sensorial del olfato, está relacionada, en función de la actividad del ano, la excreción. Esta relación se demuestra al notar que una persona que está estreñida o que tiene el intestino grueso sucio, tiene mal aliento y su sentido del olfato se embota.

La Ayurveda ve al cuerpo humano y sus experiencias sensoriales como manifestaciones de energía cósmica expresada en los cinco elementos básicos. Los antiguos *rishis* percibieron que estos elementos nacieron de la pura Conciencia Cósmica. La Ayurveda da el conocimiento necesario para que cada individuo lleve su cuerpo a una relación armoniosa con esta Conciencia.

# CAPÍTULO III
# La constitución humana

Éter, aire, fuego, tierra y agua, los cinco elementos básicos se manifiestan en el cuerpo humano como tres principios básicos o humores, conocidos como la *tridosha*. A partir de el éter y el aire, se manifiesta el principio corpóreo del aire llamado *vata*. (En terminología sánscrita, este principio se le conoce como *vata dosha* ). Los elementos fuego y agua se manifiestan juntos en el cuerpo como el principio de fuego llamado *pitta*. La tierra y el agua se manifiestan como el humor del agua llamado *kapha*.

Estos tres elementos -*vata, pitta* y *kapha* - gobiernan todas las funciones biológicas, psicológicas y patológicas del cuerpo, la mente y la conciencia. Actúan como constituyentes básicos y barreras protectoras del cuerpo, en su condición fisiológica normal. Cuando están desequilibrados, contribuyen al proceso de la enfermedad.

La *tridosha* es responsable de las "necesidades naturales" y preferencias individuales en cada comida: sabor, temperatura y demás.(Ver Capítulo VIII, para la descripción de los mecanismos de estas preferencias). Ella gobierna la creación, mantenimiento y destrucción de tejidos, la eliminación de desperdicios del cuerpo. También es responsable del comportamiento psicológico, por lo que incluye emociones como miedo, furia, avaricia y las más altas como comprensión, compasión y amor. Es decir, la *tridosha* es la base de la existencia psicosomática del hombre.

La constitución básica de cada individuo se determina en la concepción. En el momento de la fertilización, la unidad masculina, el espermatozoide, se une con la unidad femenina, el óvulo. Es en esta unión, que la constitución del individuo se determina debido a las permutaciones y combinaciones del aire, fuego, agua y tierra en el cuerpo de los padres.

En general, hay siete tipos de constituciones: 1) *vata*, 2) *pitta*, 3) *kapha* 4) *vata-pitta*, 5) *pitta-kapha*, 6) *vata-kapha*,

### Diagrama 1
## Los lugares de *Vata, Pitta, Kapha*

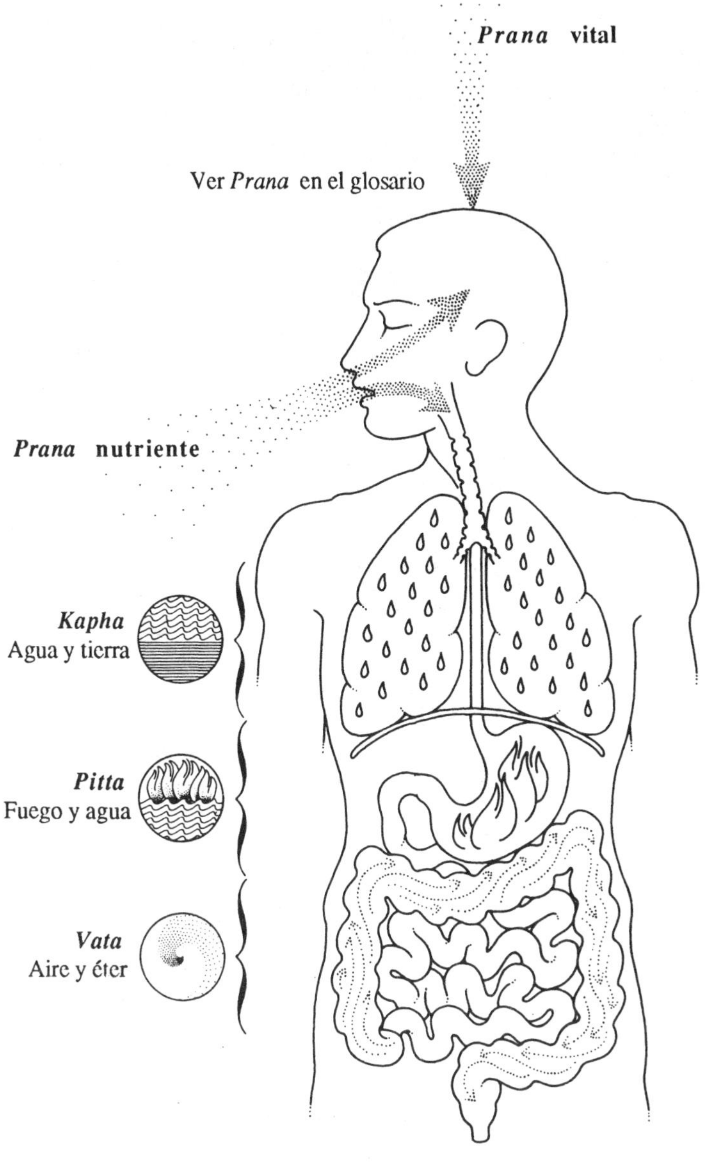

*Prana* vital

Ver *Prana* en el glosario

*Prana* nutriente

*Kapha*
Agua y tierra

*Pitta*
Fuego y agua

*Vata*
Aire y éter

## Cuadro 2
## Funciones de la *Tri-dosha*

| VATA | PITTA | KAPHA |
|---|---|---|
| *(Aire y éter)* | *(Fuego y agua)* | *(Agua y tierra)* |
| Movimiento | Calor corpóreo | Estabilidad |
| Respiración | Temperatura | Energía |
| Urgencias naturales | Digestión | Lubricación |
| Transformación de los | Percepción | Untuosidad |
| tejidos | | |
| Funciones motoras | Entendimiento | Perdón |
| Funciones sensoriales | Hambre | Avaricia |
| Inestabilidad | Sed | Apego |
| Secreciones | Inteligencia | Acumulación |
| Excreciones | Furia | Sostén |
| Miedo | Odio | Posesividad |
| Vacío | Celos | |
| Ansiedad | | |

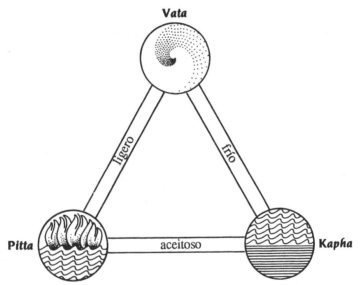

Pitta y kapha *tienen lo aceitoso en común*
Pitta y vata *tienen la ligereza en común*
Vata y kapha *tienen el frío en común*

7) *vata-pitta-kapha*. Entre estos siete tipos generales, hay innumerables variaciones sutiles que dependen de la proporción de *vata, pitta* y *kapha* que exista en la constitución.

En sánscrito, se llama *prakruti* a la constitución, un término que significa "naturaleza", "creatividad" o "la primera creación". En el cuerpo, la primera expresión de los cinco elementos es la constitución. La constitución básica del individuo permanece fija durante toda la vida, pues está genéticamente determinada. La combinación de los elementos presentes en el nacimiento es constante, pero la combinación que gobierna los continuos cambios patológicos del cuerpo, se altera en respuesta a los cambios del medio ambiente.

Durante la vida, existe una interacción incesante entre el medio ambiente interno y el externo. El ambiente externo abarca las fuerzas cósmicas (macrocosmos), mientras que los principios de *vata, pitta* y *kapha* gobiernan las fuerzas internas (microcosmos). Un principio básico de la Ayurveda es que se pueden equilibrar fuerzas internas que funcionan en el individuo, modificando la dieta y los hábitos, según sea necesario, para contrarrestar los cambios de su ambiente externo.

## COMPRENSIÓN DE LA TRIDOSHA

De acuerdo con la Ayurveda, el primer requisito para la autocuración y curación de otros es la comprensión de las tres *dosha*. El concepto de *vata, pitta* y *kapha* es único en la Ayurveda y tiene el poder de revolucionar los sistemas curativos de Occidente. Sin embargo, el concepto de estos tres principios y las palabras sánscritas *vata, pitta* y *kapha* son difíciles de traducir a términos occidentales.

*Vata* es el principio del movimiento. Lo que se mueve se llama *vata,* y por ello puede traducirse como el principio corpóreo del aire. Pero el elemento aire de la atmósfera no es el mismo que el del cuerpo. El aire corpóreo o *vata* se caracteriza por la energía sutil que gobierna el movimiento biológico. Este principio de movimiento biológico engendra todos los cambios sutiles en el metabolismo. *Vata* está formado por los elementos éter y aire.*Vata* gobierna la respiración, el parpadeo, el movimiento de los músculos y tejidos, las pulsaciones del corazón, toda expansión y contracción, los movimientos del citoplasma y las membranas celulares, y el movimiento de los simples impulsos nerviosos. *Vata* también gobierna los sentimientos tales como nerviosismo, miedo, ansiedad; los dolores, temblores y espasmos. *Vata* se asienta en el intestino grueso, la cavidad pélvica, los huesos, la piel, los oídos y los muslos. Si el cuerpo desarrolla *vata* en exceso, se acumulará en estas áreas.

*Pitta* se traduce como fuego, aunque el término literalmente no tenga ese significado. El fuego de una vela o chimenea se puede ver, pero el calor-energía del cuerpo, la *pitta dosha* , que se manifiesta como metabolismo, no es visible. *Pitta* gobierna la digestión, la absorción, la asimilación, la nutrición, el metabolismo, la temperatura del cuerpo, el color de la piel, el lustre de los ojos; también la inteligencia y el entendimiento. Psicológicamente *pitta* despierta furia, ira, odio y celos. Los lugares de *pitta* son el intestino delgado, las glándulas sudoríparas, el estómago, la sangre, el tejido adiposo, los ojos y la piel. *Pitta* se forma por los elementos fuego y agua.

La traducción de *kapha* es agua biológica. Este principio se forma por dos elementos: agua y tierra. *Kapha* consolida las sustancias del cuerpo generando los elementos para su estructura física. Esta *dosha* mantiene la resistencia del cuerpo. El agua es el constituyente principal de *kapha* y el responsable de la fuerza biológica y la resistencia natural de los tejidos del cuerpo. *Kapha* lubrica las articulaciones, provee humedad a la piel, ayuda a sanar las heridas, llena los espacios del cuerpo, da fortaleza, vigor y estabilidad, apoya la retención de la memoria, da energía al corazón y a los pulmones y mantiene la inmunidad. *Kapha* está presente en el pecho, la garganta, la cabeza, los senos paranasales, la nariz, la boca, el estómago, las articulaciones, el citoplasma, el plasma y las secreciones seromucosas del cuerpo. Psicológicamente, *kapha* es responsable de las emociones de apego, avaricia y envidia; también se expresa en tendencias a la calma, el amor y el perdón. El pecho es el sitio de *kapha.*

El equilibrio de la *tridosha* es necesario para la salud. Por ejemplo, el principio del aire puede encender el fuego del cuerpo, pero el agua es necesaria para controlar el fuego. De otra manera, el fuego del cuerpo quemaría los tejidos. *Vata* mueve a *kapha* y a *pitta*, pues éstos son inmóviles. La *tridosha* gobierna las actividades metabólicas: anabolismo *(kapha)*, catabolismo *(vata)* y metabolismo *(pitta)*. Cuando *vata* está desequilibrada, el metabolismo se perturba, resultando un catabolismo excesivo, que provoca el proceso de deterioro del cuerpo. Cuando el anabolismo es mayor que el catabolismo, hay un incremento en el crecimiento y reparación de los órganos y tejidos. *Kapha* en exceso incrementa el grado de anabolismo y *vata* en exceso crea enflaquecimiento (catabolismo).

Durante la niñez, el anabolismo y el elemento *kapha* son predominantes, pues es el tiempo del crecimiento físico. En la etapa adulta, el metabolismo y el elemento *pitta* son los más importantes pues en esta época el cuerpo es maduro y estable. Durante la vejez, el catabolismo y *vata* son más evidentes: el cuerpo empieza a deteriorarse.

## CÓMO DERTERMINAR LA CONSTITUCIÓN INDIVIDUAL

El siguiente cuadro ayudará al lector a determinar su constitución individual. Para lo cual hallará igualmente una descripción detallada de los tres tipos de constitución.

*Es importante recordar que dichas descripciones reflejan el aspecto puro de cada elemento constitucional; sin embargo, ninguna constitución humana está hecha de un elemento único. Al contrario, cada persona es una combinación de las tres doshas, con una tendencia predominante hacia una o más.*\*

Se aconseja al lector no sacar conclusiones definitivas de sí mismo, basándose en estas descripciones fundamentales. La selección del tipo de constitución particular, después de usar este cuadro, debe utilizarse para tomar conciencia de diversos aspectos de la vida, como la dieta, o apoyar un régimen personal que promoverá la salud.

## CONSTITUCIÓN VATA

Las personas de constitución *vata* por lo general son fisicamente poco desarrolladas. Sus pechos son planos y sus venas

---

\* Estos tipos de características deben ajustarse de acuerdo a tendencias raciales y preferencias culturales, pues las razas y culturas tienen diferencias naturales en los tipos de cuerpo y características en los estilos de vida. Por ejemplo los africanos tienen la piel obscura y los indios comen picantes.

y tendones visibles. Son morenos, de piel fría, áspera, seca y agrietada. Generalmente tienen pocos lunares que suelen ser obscuros.

La gente *vata* no es ni muy alta ni muy baja, de marco delgado que revela articulaciones y huesos prominentes debido a su pobre desarrollo muscular. Su pelo es rizado y escaso, las pestañas son delgadas y sin lustre. Los ojos pueden estar hundidos, pequeños, secos, activos y la conjuntiva es seca y turbia. Las uñas son ásperas y quebradizas. La forma de la nariz por lo general es torcida y aguileña.

Fisiológicamente, el apetito y la digestión son variables. La gente *vata* apetece los sabores dulces, agrios y salados y les gustan las bebidas calientes. La producción de orina es escasa y la materia fecal seca, dura y también escasa. Tienden a respirar menos que cualquier otra constitución. Tienen un sueño ligero y dormirán menos que otros tipos. Sus pies y manos frecuentemente estan frías.

Estas personas son creativas, activas, alertas e inquietas. Hablan y caminan rápidamente pero se fatigan con facilidad. Psicológicamente se caracterizan por su rápido entendimiento, pero no tienen buena memoria. Tienen poca fuerza de voluntad, tienden a la inestabilidad mental, tienen poca tolerancia, confianza y audacia. Su poder de razonamiento es débil, son nerviosos, miedosos y se afligen con excesiva ansiedad.

Cada tipo constitucional también manifiesta ciertos patrones de interacción con el medio ambiente. La gente *vata* tiende a ganar dinero rápidamente y a gastarlo con la misma velocidad.

### CONSTITUCIÓN PITTA

Estas personas son de estatura media, delgada y constitución delicada. Sus pechos no son tan planos como los de *vata* y muestran una prominencia media en las venas y tendones. Tienen muchos lunares y pecas azulosas o café-rojizo. Los huesos no son tan prominentes como los de constitución *vata*. El desarrollo muscular es moderado.

La tez de *pitta* es bronceada, amarillenta, rojiza o rubia. La piel es suave, tibia y menos arrugada que la de *vata*. El pelo es delgado, sedoso, rojo o amarillento, tienden a encanecer prematuramente y a perder el pelo. Los ojos pueden ser grises, verdes o cobrizos y la mirada aguda; son de tamaño medio. La conjuntiva es húmeda y cobriza. Las uñas son suaves. La forma de la nariz es aguda y las puntas tienden a enrojecer.

Fisiológicamente, esta gente tiene un buen metabolismo, buena digestión y por lo tanto, buen apetito. Las personas de constitución *pitta* comen y beben en grandes cantidades. Apetecen sabores dulces, amargos y astringentes; gustan de bebidas frías. Su sueño es de duración media, pero ininterrumpido. Producen grandes volúmenes de orina y heces amarillentas; líquidas, suaves y abundantes. Tienden a sudar copiosamente. La temperatura del cuerpo puede subir un poco, los pies y las manos están tibias. La gente *pitta* no tolera la intensa luz del día, el calor o el trabajo pesado.

Psicológicamente, los individuos *pitta* tienen gran poder de comprensión, son muy inteligentes, agudos y buenos oradores. Emocionalmente tienden al odio, el enojo, y los celos. Son ambiciosos y les gusta ser líderes. La gente *pitta* aprecia la prosperidad material y tiende a tener una posición económica holgada.

## CONSTITUCIÓN KAPHA

El individuo de constitución *kapha* tiene un cuerpo bien desarrollado, pero también tiende al exceso de peso. Sus pechos son amplios y anchos. Las venas y tendones no son visibles dabido a que los músculos están bien desarrollados. Los huesos no son prominentes.

Su tez es clara y brillante. Su piel suave, grasosa y lustrosa, también es fría y pálida. Su pelo es grueso, oscuro, suave y ondulado. Sus pestañas son densas y los ojos negros o azules. La retina generalmente es muy blanca, grande y atractiva. La conjuntiva no tiende a enrojecer.

Fisiológicamente, los *kapha* tienen apetito regular, su función digestiva es relativamente lenta, ingieren poco alimento; apetecen sabores picantes, amargos y astringentes. Sus heces son suaves, pálidas y la evacuación es lenta; su transpiración es moderada. El sueño es profundo y prolongado. Tienen gran capacidad vital, evidente por su gran vigor; la gente *kapha* por lo general es saludable, feliz y pacífica.

**31**

Psicológicamente, tienden a ser tolerantes, calmados; perdonan y aman; también son avaros, apegados, envidiosos y posesivos. Su entendimiento es lento pero definitivo una vez comprenden algo. La gente *kapha* tiende a ser rica. Ganan dinero y lo ahorran.

## Tabla 2
## La constitución humana *(Prakruti)*

| Aspecto de la constitución | VATA | PITTA | KAPHA |
|---|---|---|---|
| ⬭ Complexión | delgada | moderada | fornida |
| ⬭ Peso | baja | moderada | sobre-peso |
| ⬭ Piel | seca, áspera, fría,morena, obscura | suave, grasosa, tibia, blanca, rojiza, amarilla | gruesa, grasosa, fría, pálida, blanca |
| ⬭ Pelo | negro, seco, rizado | suave, grasoso, rubio, rojizo, canas prematuras | grueso, grasoso, ondulado, obscuro, o claro |
| ⬭ Dientes | protuberantes, grandes y chuecos, encías delgadas | tamaño moderado, encías suaves, amarillentos | fuertes, blancos |
| ⬭ Ojos | pequeños, secos, apagados, cafés, negros | agudos, penetrantes, verdes, grises, amarillentos | grandes, atractivos, azules, pestañas gruesas |
| ⬭ Apetito | variable, escaso | bueno, excesivo, inaguantable | lento pero estable |
| ⬭ Sabor | dulce, agrio, salado | dulce, amargo, astringente | picante, amargo, astringente |
| ⬭ Sed | variable | excesiva | escasa |
| ⬭ Eliminación | seca,dura, estreñida | suave, grasosa | gruesa, grasosa, |
| ⬭ Actividad física | muy activo | moderado | letárgico |

## Tabla 2, continuación

| Aspecto de la constitución | VATA | PITTA | KAPHA |
|---|---|---|---|
| ◯ Mente | activa, no descansa | agresiva, inteligente | calmada, lenta |
| ◯ Temperamento emocional | miedoso, inseguro, impredecible | agresivo, irritable, celoso | calmado, avaro, apegado |
| ◯ Fe | variable | fanática | estable |
| ◯ Memoria | buena memoria reciente; mala a largo plazo | aguda | lenta pero prolongada |
| ◯ Sueños | miedosos, vuelos, brincos, correr | de fuego, furia, violencia, guerra | acuosos, ríos, mares, lagos, nado, románticos |
| ◯ Sueño | escaso, interrumpido | poco pero prolongado | pesado, prolongado |
| ◯ Habla | rápida | penetrante y cortante | lenta, monótona |
| ◯ Estatus financiero | pobre, gasta dinero rápido en baratijas | moderado, gasta en lujos | ricos, ahorrativos, gasta en alimentos |
| ◯ Pulso | tenue, débil, se mueve como serpiente | moderado, brinca como rana | amplio, lento, se mueve como cisne |

Nota: *Se han puesto círculos junto a cada aspecto para los que deseen tener una idea general de su constitución individual. Ponga una V para vata, una P para pitta y una K para kapha en cada círculo, según lo que haya decidido.*

*El experimentar características diferentes a las de su propia dosha, puede indicar un desorden de ésta*

33

# CONSTITUCIONES MENTALES

En el plano mental y astral, los tres atributos o *gunas* corresponden a los tres humores que forman la constitución física. En el sistema médico de la India, estos tres atributos son la base para las distinciones en el temperamento humano y diferencias individuales en disposiciones psicológicas y morales.

Los atributos básicos son *satva, rajas* y *tamas*.

*Satva* expresa la esencia, entendimiento, pureza, claridad, compasión y amor. *Rajas* implica movimiento, agresividad y extroversión. La mente *rajas* opera en el nivel sensual. *Tamas* manifiesta ignorancia, inercia, pesadez y aburrimiento.

La gente con temperamento *sátvico* tiene cuerpo sano, su comportamiento y conciencia son muy puros. Creen en la existencia de Dios, son religiosos y a menudo son gente muy santa.

Los individuos de temperamento *rajas* están interesados en los negocios, la prosperidad, el poder, el prestigio y la posición social. Gozan de riquezas y generalmente son extrovertidos. Pueden creer en Dios, pero también pueden tener cambios repentinos en sus creencias. Son muy políticos.

La gente *tamásica* es floja, egoísta y capaz de destruir a otros. Generalmente tiene poco respeto por los demás y no es religiosa. Todas sus actividades son egoístas.

La persona de temperamento *sátvico* logra la autorealización sin mucho esfuerzo, mientras tipos *rajásicos* y *tamásicos* deben hacer más esfuerzo para lograrla.

Estas tres energías sutiles y mentales son responsables de los patrones de comportamiento que se pueden cambiar y mejorar a través de prácticas y disciplinas espirituales como yoga. El médico ayurvédico *(vaidya)* puede ayudar en la modificación del comportamiento. Él está familiarizado con el funcionamiento de estos tres atributos -*satva, rajas, tamas*- y también puede determinar cuál predomina en el individuo, al observar su comportamiento y su dieta. Usando estas claves prácticas, el paciente puede guiarse hacia una mejor manera de vivir, tanto física como mentalmente.

❄

## CAPÍTULO IV
# El proceso de la enfermedad

L a salud es orden; la enfermedad desorden. En el cuerpo humano existe una interacción constante entre ambos factores. El hombre sabio aprende a estar totalmente conciente de la presencia del desorden en su cuerpo y toma las medidas necesarias para establecer el orden. Entiende que el desorden es inherente al orden, y por lo tanto, es posible recobrar la salud. El ambiente interno del cuerpo constantemente reacciona al ambiente externo. El desorden ocurre cuando éstos dos están desequilibrados. Es necesario entender a la enfermedad como un proceso para poder cambiar el ambiente interno y equilibrarlo con el externo. La explicación ayurvédica de las enfermedades hace posible restablecer el orden y la salud donde existía el desorden y la enfermedad.

En la Ayurveda, el concepto de salud es fundamental para entender las enfermedades. Antes de discutir la enfermedad, hay que entender el significado de bienestar y salud. Un estado de salud existe cuando: el fuego digestivo *(agni)* está equilibrado; los humores corpóreos *(vata, pitta* y *kapha)* están en equilibrio; los tres productos de desecho (orina, heces y sudor) funcionan a nivel normal y también están equilibrados: los sentidos funcionan normalmente; el cuerpo, la mente y la conciencia trabajan armoniosamente como unidad. Cuando uno de ellos se desequilibra comienza el proceso de enfermedad. Debido a que el equilibrio de los elementos y funciones anteriores es responsable de la resistencia natural y la inmunidad, una persona sana no podrá ser afectada por enfermedades contagiosas. Así, el desequilibrio del cuerpo y la mente es responsable del dolor fisiológico y físico.

### CLASIFICACIÓN DE LAS ENFERMEDADES
De acuerdo con la Ayurveda, las enfermedades se pueden clasificar según su origen: psicológico, espiritual o físico. La

enfermedad también se clasifica de acuerdo al lugar de manifestación: corazón, pulmones, hígado, etc. El proceso puede empezar en el estómago, en los intestinos, pero manifestarse en el corazón y pulmones. Así los síntomas de la enfermedad pueden aparecer en otro lugar que no es el de origen. Las enfermedades se clasifican de acuerdo a los factores y a la *dosha (vata, pitta* y *kapha)* que la causa.

### PROPENSIÓN A LAS ENFERMEDADES

La constitución individual determina la propensión a las enfermedades. Por ejemplo, las personas de constitución *kapha* tienden a padecer enfermedades *kaphagénicas*. Pueden sufrir repetidos ataques de anginas, sinusitis, bronquitis y congestión en los pulmones. Asimismo, los individuos de constitución *pitta* son susceptibles a desórdenes de la vesícula y del hígado, hiperacidez, úlceras pépticas, gastritis y enfermedades inflamatorias. Los tipos *pitta* también sufren desórdenes como urticaria y erupciones cutáneas. Las personas *vata* son muy susceptibles a los gases, dolor de espalda, artritis, ciática, parálisis y neuralgias. Las enfermedades *vata* tienen su origen en el intestino grueso; las enfermedades *pitta* en el intestino delgado, y las *kapha* en el estómago. El desequilibrio de los humores en estas áreas crea ciertos signos y síntomas.

El desequilibrio que causa la enfermedad puede originarse en la conciencia y luego manifestarse en la mente. La semilla de la enfermedad puede estar en el subconsciente más profundo en forma de furia, miedo o dependencia. Estas emociones se manifiestan en el cuerpo a través de la mente. El miedo reprimido creará desequilibrio de *vata;* la ira contenida causará un exceso de *pitta;* la envidia, la dependencia y la avaricia agravarán *kapha.* Estos desarreglos de la *tridosha* afectarán la resistencia natural del cuerpo (el sistema inmunológico, *agni* ) que queda susceptible a la enfermedad.

Algunas veces, el desequilibrio que causa la enfermedad ocurre en el cuerpo y luego se manifiesta en la mente y la conciencia. Los alimentos, los hábitos y el ambiente, con atributos similares a aquellos de *dosha*, serán contrarios a los tejidos del cuerpo. Crearán un desorden que puede manifestarse en el nivel físico y afectar luego a la mente, causando el desequilibrio de las *doshas*. Por ejemplo, *vata* fuera de equilibrio crea miedo, depresión y nerviosismo. *Pitta* en exceso, causará furia, odio y celos; demasiada *kapha* crea afán posesivo, avaricia y dependencia. Como se puede observar, existe una conexión directa entre la dieta, los hábitos, el ambiente y los desórdenes emocionales.

El deterioro de los humores del cuerpo, *vata, pitta* y *kapha* crea toxinas *(ama)* que circulan por todo el organismo. Durante la circulación, las toxinas se acumulan en las áreas débiles. Por ejemplo, si hay debilidad en la articulación, la enfermedad se manifiesta allí. Pero ¿qué es lo que crea esta debilidad y las toxinas del cuerpo?

## LA CLAVE DE LA SALUD O
## LA ENFERMEDAD: AGNI

*Agni* es el fuego biológico que gobierna el metabolismo. Su función es similar a la de *pitta* y se puede considerar como parte integral del sistema de *pitta* en el cuerpo, que funciona como agente catalítico en la digestión y el metabolismo. *Pitta* contiene energía-calor que propicia la digestión. *Agni* es esta energía.

*Pitta* y *agni* son esencialmente lo mismo con sutiles diferencias: *pitta* es el recipiente y *agni* está contenida en él.

*Pitta* se manifiesta en el estómago como jugo gástrico. *Agni* es de naturaleza ácida, fragmenta el alimento y estimula la digestión. *Agni* está sutilmente relacionado con el movimiento de *vata*, pues el aire del cuerpo enciende el fuego. *Agni* está presente en cada tejido y célula. Es necesario para mantener la nutrición de los tejidos y el mecanismo inmunológico. El *agni* que está en el estómago y los intestinos destruye los microorganismos, las bacterias y las toxinas. De esta manera protege la flora de estos órganos.

La longevidad depende de *agni;* también la inteligencia, el entendimiento, la percepción y la comprensión. *Agni* mantiene el color de la piel, el sistema enzimático y el metabolismo. Mientras el *agni* funcione debidamente, los procesos de digestión, absorción y asimilación operarán bien.

Cuando *agni* no funciona correctamente debido al desequilibrio de la *tridosha,* el metabolismo se afecta de manera drástica. La resistencia y el sistema inmunológico del cuerpo se deterioran. Los fragmentos alimenticios no se digieren ni se absorben, sino que se acumulan en el intestino grueso, convirtiéndose en una sustancia heterogénea mal oliente y pegajosa. Este material, llamado *ama,* bloquea los intestinos y otros canales como los vasos capilares, las venas y las arterias. Eventualmente, sufre muchos cambios químicos que crean toxinas. La sangre absorbe estas toxinas, que entran a la circulación general. Poco a poco se acumulan en los lugares débiles del cuerpo donde crean contracciones, obstáculos, estancamientos y debilidad de los órganos, a la vez que reducen el mecanismo inmunológico de los tejidos correspondientes. Finalmente, la enfermedad se manifiesta en los órganos afectados de diversas formas: artritis, diabetes, enfermedades del corazón, etc.

La raíz de todas las enfermedades es *ama.* Existen muchas causas para el desarrollo de *ama.* Por ejemplo, cuando se digieren alimentos incompatibles entre sí, el *agni* se ve afectado directamente debido a las toxinas creadas por estos alimentos mal digeridos. Si la lengua está cubierta por una capa delgada y blanca, indica la existencia de *ama* en los intestinos grueso o delgado, o en el estómago, todo depende de la parte de la lengua que está cubierta. (Ver sección y diagrama de diagnóstico de la lengua en el Capítulo VI).

El *ama* se desarrolla cuando las funciones del *agni* se retardan; pero el *agni* hiperactivo también es perjudicial. Cuando el *agni* es hiperactivo, el proceso digestivo se quema a causa de la combustión excesiva de nutrientes biológicos normales en los alimentos, lo que causa debilidad. Esta condición también reduce la capacidad inmunológica del cuerpo.

### EMOCIONES REPRIMIDAS

Las toxinas también se crean por causas emocionales. Por ejemplo, la ira reprimida cambia por completo la flora de la vesícula biliar, el ducto biliar, el intestino delgado e incrementa *pitta,* por lo que se inflaman las zonas de la membrana mucosa del estómago e intestino. Asimismo, el miedo y la ansiedad alteran la flora del intestino grueso. Como resultado, el vientre se hincha con gases que se acumulan en las cavidades del intestino y causan dolor. A menudo, este dolor se confunde con problemas del corazón o del hígado. Por los efectos nocivos que ocasiona reprimir las emociones, como las necesidades físicas, se recomienda que no se limiten acciones como toser, estornudar o evacuar gases.

Las emociones reprimidas crean un desequilibrio en *vata,* que a su vez afecta el *agni,* la respuesta inmunológica del cuerpo. Cuando el *agni* es bajo, puede haber una respuesta inmunológica anormal. Esta reacción puede causar alergias a ciertas sustancias como polen.*

Como las alergias están estrechamente relacionadas con las respuestas inmunológicas del cuerpo, los individuos que nacen con reacciones inmunológicas anormales, generalmente sufren alergias. Por ejemplo, una persona que nace con constitución *pitta,* será naturalmente sensible a los alimentos condimentados y picosos, que agrava *pitta.* De la misma forma, las emociones reprimidas del tipo *pitta* como el odio y la ira, pueden incrementar la hipersensibilidad a esos alimentos.

Las persona de constitución *kapha* son muy sensibles a ciertos alimentos que agravan *kapha.* En estos individuos, los alimentos *kaphagénicos,* (como los lácteos) producen tos, resfriados y congestión. Las personas que reprimen emociones *kapha,* como la dependencia o la avaricia, tendrán reacciones alérgicas a los alimentos *kapha.*

### LAS TRES MALAS

Los desequilibrios en otros sistemas del cuerpo, como los de excreción, también pueden causar enfermedades. El organismo produce tres materiales de desecho o malas: las heces, que son sólidas; la orina y el sudor que son líquidos. La producción y eliminación de éstos es absolutamente vital para la salud. La

---

*Debido a que el origen de las alergias es reprimir las emociones, éstas no se pueden curar radicalmente con el uso de anti-histamínicos.
Los parásitos intestinales son otra de las causas de las alergias. Por ejemplo si existen lombrices o amibas en el intestino grueso, se puede desarrollar una alergia a los granos de polen.

orina y las heces se forman en el intestino grueso durante el proceso digestivo de asimilación, absorción y discriminación entre sustancias esenciales y no-esenciales. Las heces van al recto para ser evacuadas, la orina va a los riñones para ser filtrada y almacenada en la vejiga y luego desechada. El sudor se elimina por los poros de la piel.

Aunque la orina y las heces se consideran productos de desecho, no son estrictamente desperdicios, son incluso esenciales para el funcionamiento fisiológico de ciertos órganos. Por ejemplo, las heces se nutren a través de los tejidos intestinales: muchos nutrientes se quedan en estos tejidos después de la digestión. Más tarde, una vez que el cuerpo absorbe dichos nutrientes, las heces son eliminadas.

Las heces también fortalecen el intestino grueso y mantienen su tono muscular. Si una persona no tuviera heces, el intestino se desplomaría. El que sufre de estreñimiento vive más que el que tiene diarrea. Si una persona sufre de diarrea continua durante quince días, morirá. Sin embargo, uno puede estar estreñido durante mucho tiempo y vivir, aunque con problema. El estreñimiento crea hinchazón, incomodidad, gases, dolor del cuerpo, dolor de cabeza y mal aliento.

El sistema urinario elimina del cuerpo el agua, la sal y productos nitrogenados de desecho. La orina se forma en el intestino grueso. Este producto de desecho ayuda a mantener la concentración normal de electrolitos en los fluidos del cuerpo. El funcionamiento de esta *mala* depende de la cantidad de líquidos ingeridos, de la dieta, de la temperatura ambiental, del estado mental y de la condición física del individuo.

El color de la orina depende de la dieta. Si el paciente tiene fiebre, que es desorden de *pitta,* la orina será amarilla obscura tendiente a color café. La hepatitis, que también es un desorden de *pitta,* producirá una orina amarillo-obscura. La pigmentación de la bilis puede dar a la orina un color verdoso. *Pitta* en exceso puede crear alta acidez en la orina. Las sustancias diuréticas tales como el té, café y alcohol, también agravan a *pitta.*

Si el cuerpo retiene agua, la orina será escasa, y esta agua se acumulará en los tejidos. Esta condición afectará a su vez a la sangre e incrementará la presión sanguínea. Por ello, la

**40**

## Cuadro 3
### Examen de la orina

Los líquidos del cuerpo, tales como la sangre *(rakta)* y la linfa *(rasa)* sirven para transportar desechos *(malas)* lejos de los tejidos que los producen. El sistema urinario excreta agua *(kleda,,* sal y desechos nitrogenados *(dhatu malas)*. Este sistema también ayuda a mantener la concentración normal de electrolitos, a regular el volumen de líquidos en el cuerpo, a controlar la producción de hemoglobina y la presión arterial. De esta manera, la orina ayuda a mantener el equilibrio de los tres humores -*vata, pitta* y *kapha*- y del agua.

**Examen clínico de la orina:** en un recipiente limpio, recoja la primera orina del día. Observe el color. Si el color es café-negro, indica un desorden de *vata,* si es amarillo obscuro, un desorden de *pitta.* Cuando haya estreñimiento o el cuerpo no ha ingerido suficiente agua, la orina será amarilla-obscura. Si la orina está turbia, existe un desorden de *kapha.* Un color rojo en la orina, indica algún problema con la sangre.

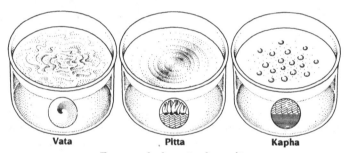

Vata       Pitta       Kapha

### Examen de la gota de aceite

Con un gotero, ponga una gota de aceite de ajonjolí en la muestra de orina. Si la gota se esparce inmediatamente, el desorden físico es fácil de curar; si la gota se sumerge a la mitad de la muestra, indica que la enfermedad es difícil de curar. Si se va hasta el fondo, el problema será muy difícil de curar.

Cuando la gota se propaga en la superficie con los movimientos ondulados, se indica un desorden de *vata.* Si se esparce en la superficie con muchos colores visibles, como un arco iris, quiere decir que existe un problema con *pitta.* Cuando la gota se rompe en gotitas con forma de perlas, en la superficie de la muestra, se señala un desequilibrio en *Kapha.*

La orina normal tiene un típico olor urémico. Pero si la orina tiene un olor fétido, significa que hay toxinas en el sistema. Un olor ácido y la orina que provoca ardor, señala exceso de *pitta.* Un olor dulce de la orina indica la posibilidad de una condición diabética. En este caso el individuo sufre escalofríos en la piel al orinar. Grava en la orina podría significar la posibilidad de piedras en el tracto urinario.

41

producción equilibrada de orina es importante para el mantenimiento de la presión y volumen sanguíneo.

Los textos ayurvédicos dicen que la orina humana es un laxante natural que desintoxica el cuerpo y ayuda a la absorción del intestino grueso y a la eliminación de las heces. Si uno toma una taza de orina cada mañana, se ayudará a la limpieza y desintoxicación del intestino grueso.

El sudor es un derivado del tejido adiposo y es necesario para regular la temperatura del cuerpo. El sudor mantiene la piel suave, la flora de los poros de la piel y también su elasticidad y tono.

El sudor excesivo es un desorden que puede crear infecciones por hongos y reducir la resistencia natural de la piel. El sudor insuficiente también reducirá la resistencia de la piel y causará que ésta se ponga áspera, escamosa y produzca caspa.

Existe una relación especial entre la piel y los riñones debido a que el desecho de productos acuosos es una función primordial de estos dos órganos. Así pues, la transpiración se relaciona con *pitta*. En el verano, la gente suda profusamente y la cantidad de orina se reduce, puesto que el producto de desecho se elimina a través del sudor. En el invierno, la gente transpira menos y orina más. Orinar en exceso puede causar muy poca transpiración y la transpiración excesiva puede provocar un volumen escaso de orina. De esta manera es necesario que la producción de sudor y orina esté equilibrada. Diabetes, psoriasis, dermatitis y ascitis (hidropesía) son ejemplos de enfermedades causadas por un desequilibrio entre el sudor y la orina del cuerpo.

La transpiración excesiva reduce la temperatura del cuerpo y crea deshidratación. De la misma manera, demasiada orina también crea deshidratación y también provocará que las manos y los pies estén fríos.

## LOS SIETE DHATUS

El cuerpo humano está formado por siete tejidos básicos y vitales llamados *dhatus*. La palabra sánscrita *dhatus* significa "elemento constructivo". Estos siete tejidos son responsables de toda la estructura del cuerpo. Los *dhatus* mantienen las funciones de los diferentes órganos, sistemas de partes vitales del organismo, y juegan un papel muy importante en el desarrollo y nutrición del cuerpo. Los *dhatus* también son parte del mecanismo biológico de protección. Junto con el *agni* son responsables del mecanismo inmunológico. Cuando un *dhatus* está en malas condiciones, éste afectará al *dhatus* sucesivo, pues cada *dhatus* recibe su alimento del *dhatus* anterior. Los siguientes son los *dhatus* más importantes:

1) *Rasa* (plasma) contiene los nutrientes de los alimentos digeridos. Nutre a otros tejidos, órganos y sistemas.
2) *Rakta* (sangre) gobierna la oxigenación de todos los tejidos y órganos vitales y mantiene la vida.
3) *Mamsa* (músculos) cubre los órganos vitales, lleva a cabo los movimientos de las articulaciones y mantiene la fuerza física del cuerpo.
4) *Meda* (tejido adiposo) mantiene la lubricación y engrasa todos los tejidos.
5) *Ashti* (hueso) da sostén y estructura al cuerpo.
6) *Majja* (médula y nervios) llena los espacios de los huesos y conduce los impulsos motores y sensoriales.
7) *Shukra* y *Artav* (tejidos reproductivos) contienen ingredientes de todos los tejidos y son responsables de la reproducción.

Los siete *dhatus* existen en un orden natural y biológico. El resultado de la post-digestión de los alimentos, llamado plasma nutriente, *ahara rasa*, contiene los elementos nutritivos para todos los *dhatus*. Este plasma nutriente se transforma y se nutre con la ayuda del calor, llamado *dhatu agni,* de cada *dhatu* respectivo.

*Rasa* se transforma en *rakta,* que a su vez se transformará en *mamsa, meda,* etc. Esta transformación es el resultado de tres acciones básicas: la irrigación (los vasos sanguíneos llevan los nutrientes a los siete *dhatus* ), la selectividad (cada *dhatu* extrae los nutrientes que requiere para llevar a cabo sus funciones fisiológicas) y la transformación directa (cuando las

## Cuadro 4
## La circulación de nutrientes y la
## transformación de *dhatus*

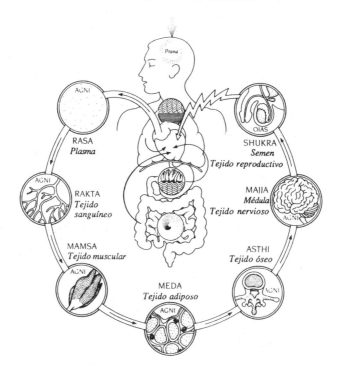

**LOS SIETE DHATUS: 1) RASA** *(Plasma)* —mantiene las funciones de la menstruación (ARTAVA) en el útero y la lactancia (STANYA) en las glándulas mamarias. **2) RAKTA** *(tejido sanguíneo o hemoglobina)* —mantiene los músculos, tendones (KANDRARA) y vasos sanguíneos (SIRA). **3) MAMSA** *(tejido muscular)* —mantiene los músculos (SNAYU) y la piel (TWACHA). **4) MEDA** *(tejido adiposo)* —mantiene la grasa subcutánea (VASA) y el funcionamiento del sudor (SWEDA). **5) ASTHI** *(tejido óseo)* —mantiene los dientes (DANTA) las uñas ( NAKHA) y el pelo (KESHA). **6) MAJJA** *(médula, tejido nervioso)* — mantiene la función de la secreción lagrimal (AKSHIVIT SNEHA). **7) SHUKRA** *(semen, tejido reproductivo)* —mantiene la función de los órganos sexuales.

**44**

sustancias nutritivas circulan a través de cada *dhatu,* se produce el alimento para la información del siguiente *dhatu* ). Estos tres procesos   irrigación, selectividad y transformación - operan simultáneamente en la formación de los siete *dhatus.* Los *dhatus* son alimentados y transformados para mantener las funciones fisiológicas normales de los diferentes tejidos, órganos y sistemas.

Cuando se presenta un desorden en el equilibrio de *vata-pitta-kapha,* los *dhatus* se afectan directamente. La *dosha* afectada *(vata, pitta o kapha)* y el *dhatu* defectuoso siempre están involucrados en el proceso de la enfermedad. La salud de los *dhatus* se puede mantener con las mismas medidas tomadas para mantener *vata, pitta* y *kapha* en equilibrio. Para ello se debe tener una dieta apropiada, hacer ejercicio y regularmente un programa de rejuvecimiento.

45

# CAPÍTULO V
# Atributos

La Ayurveda es también una ciencia médica sutil de atributos y cualidades. Estos atributos se llaman *gunas*. *Charak*, el gran médico ayurvédico, descubrió que todas las sustancias orgánicas e inorgánicas, así como los pensamientos y acciones, tienen atributos definidos. Estos atributos tienen energía potencial, mientras que las acciones expresan energía cinética. Los atributos y las acciones están relacionadas, pues la energía potencial de los atributos eventualmente se transforma en acción o energía cinética. De acuerdo a la Ayurveda, existen veinte atributos básicos que se muestran en la siguiente tabla.

Después de una observación detenida del universo y del hombre, *Charak* clasifica los veinte atributos en diez pares opuestos (por ejemplo: frío y caliente; lento y rápido; agudo y obtuso; seco y mojado). Estas fuerzas opuestas funcionan juntas. El universo como un todo, es la manifestación de los opuestos básicos, la energía masculina y femenina. De esta forma, se entiende el universo en términos de interacción de fuerzas opuestas que se manifiestan como los atributos básicos.

*Vata, pitta* y *kapha* tienen cada una atributos propios, y las sustancias que tienen atributos similares tienen que agravar el humor biológico según la ley de "el igual incrementa el igual". Por ejemplo el verano tiene atributos similares a los de *pitta*: caliente, seco, ligero, movible y penetrante. Naturalmente, en el verano, la *pitta* del cuerpo se incrementa. *Vata* es ligera, sutil, seca, móvil, áspera y fría. En otoño, que también posee estos atributos, *vata* tiende a incrementarse en la constitución humana. *Kapha* es líquida, pesada, fría, pegajosa y turbia; en invierno estas características dominan en el ambiente exterior y la *kapha* interna tiende a aumentar.

Si uno continuamente toma sustancias opuestas a la de su cuerpo, los atributos opuestos serán dominantes y pueden producir un desequilibrio. Por ejemplo, un individuo *vata* tiene exceso natural de atributos ligeros. Si el individuo continuamente ingiere alimentos pesados que producirán *kapha*, que a su vez inhibe los atributos ligeros del cuerpo, después de cierto tiempo, los atributos corpóreos del individuo cambiarán de *vata* (ligero) a *kapha* (pesado). Así, los atributos del cuerpo se pueden cambiar a pesar de las tendencias naturales de su constitución.

Para entender y apreciar el concepto ayurvédico de los atributos, uno debe meditar profundamente en ellos. La revisión de los atributos es una experiencia sutil y requiere una atención constante. Por ejemplo, si uno come picante, ¿qué es lo que los sentidos reflejan? Debido a la acción aguda y penetrante de este alimento, inmediatamente se siente calor, se suda y la boca arde. Al día siguiente, la orina y las heces pueden crear ardor.

Los principios de la farmacología terapéutica y preparación de los alimentos en la Ayurveda, se basan en la acción y reacción de los veinte atributos. A través del entendimiento de estos atributos, se puede mantener el equilibrio de la *tridosha*.

❄

*Tabla 3*
## Los veinte atributos *(gunas)*
## y sus acciones

1. **Pesado** *(guru)*. Incrementa *kapha*, decrementa *vata* y *pitta*. Incrementa el volumen de la nutrición, la pesadez. Crea letargia.
2. **Ligero** *(laghu)*. Incrementa *vata, pitta* y *agni*, decrementa *kapha*. Ayuda a la digestión, reduce el volumen, limpia. Crea frescura, estado de alerta y falta de estabilidad.
3. **Lento** *(manda)*. Incrementa *kapha*, decrementa *vata* y *pitta*. Crea indolencia, acciones lentas y relaja.
4. **Agudo** *(tikshna)*. Incrementa *vata* y *pitta*, decrementa *kapha*. Crea úlceras, perforaciones y tiene un efecto inmediato sobre el cuerpo. Promueve la agudeza y un rápido entendimiento.
5. **Frío** *(shita)*. Incrementa *vata* y *kapha*, decrementa *pitta*. Crea frío, adormecimiento, inconsciencia, contracción, miedo, insensibilidad.
6. **Caliente** *(ushna)*. Incrementa *pitta* y *agni*, decrementa *vata* y *kapha*. Promueve el calor, la digestión, limpia, expande, inflama, causa odio y furia.
7. **Aceitoso** *(snigdha)*. Incrementa *pitta* y *kapha*, decrementa *vata* y *agni*. Crea suavidad, humedad, lubricación, vigor. Promueve la compasión y el amor.
8. **Seco** *(ruksha)*. Incrementa *vata* y *agni*, decrementa *pitta* y *kapha*. Incrementa la sequedad, absorción, estreñimiento y nerviosismo.
9. **Viscoso** *(slakshna)*. Incrementa *pitta* y *kapha*, decrementa *vata* y *agni*. Disminuye la aspereza. Incrementa la suavidad, el amor y el cuidado.
10. **Áspero** *(khara)*. Incrementa *vata* y *agni*, decrementa *pitta* y *kapha*. Causa resequedad en la piel, grietas en los huesos. Provoca descuido y rigidez.
11. **Denso** *(sandra)*. Incrementa *kapha*, disminuye *vata, pitta* y *agni*. Promueve la solidez, densidad y fortaleza.
12. **Líquido** *(drava)*. Incrementa *pitta* y *kapha*, decrementa *vata* y *agni*. Disuelve, licua, promueve la salivación, la compasión, da cohesión.
13. **Suave** *(mrudu)*. Incrementa *pitta* y *kapha*, decrementa *vata* y *agni*. Crea suavidad, delicadeza, relajación, ternura, amor y cuidado.
14. **Duro** *(kathina)*. Incrementa *vata* y *kapha*, decrementa *pitta* y *agni*. Crea dureza, fuerza, rigidez, egoísmo, dureza e insensibilidad.

15. **Estático** *(sthira)*. Incrementa *vata, pitta* y *agni*. Promueve la estabilidad, la obstrucción, el apoyo, el estreñimiento y la fe.

16. **Móvil** *(chala)*. Incrementa *vata, pitta* y *agni*, decrementa *kapha*. Promueve la movilidad, los temblores, la falta de descanso y la falta de fe.

17. **Sutil** *(sukshma)*. Incrementa *vata, pitta* y *agni*, decrementa *kapha*. Agujera, penetra capilares sutiles. Incrementa las emociones y los sentimientos.

18. **Grueso** *(sthula)*. Incrementa *kapha*, decrementa *vata, pitta* y *agni*. Causa obstrucción y obesidad.

19. **Turbio** *(avila.)* Incrementa *kapha*, decrementa *vata, pitta* y *agni*. Cura fracturas. Provoca falta de claridad y de percepción.

20. **Claro** *(vishada)*. Incrementa *vata, pitta* y *agni*, decrementa *kapha*. Pacifica. Crea aislamiento y dispersión.

❄

*Tabla 4*
## Atributos de la Tri-*dosha*

| VATA | PITTA | KAPHA |
|------|-------|-------|
| seco | aceitoso | pesado |
| ligero | penetrante | lento |
| frío | caliente | frío |
| áspero | ligero | aceitoso |
| sutil | móvil | viscoso |
| móvil | líquido | denso |
| claro | olor agrio | suave |
| disperso | | estático |

## Elementos de la Tri-*dosha*

| VATA | PITTA | KAPHA |
|------|-------|-------|
| Aire + Éter | Fuego + Agua | Tierra + Agua |

**49**

# CAPÍTULO VI
# Diagnóstico

En occidente, el término diagnóstico, generalmente se refiere a la identificación de las enfermedades después de que éstas se han manifestado. En Ayurveda, el concepto de diagnóstico supone la observación continua de las interacciones entre el orden (salud) y desorden (enfermedad) del cuerpo. El proceso de enfermedad es una reacción entre los humores del cuerpo y los tejidos. Los síntomas de una efermedad siempre se relacionan con el desequilibrio de la *tridosha*. Una vez entendido el origen del desequilibrio, se puede proponer un tratamiento para llegar al equilibrio.

La Ayurveda enseña métodos muy precisos para entender el proceso de la enfermedad antes de que los síntomas de desequilibrio y las reacciones del cuerpo se manifiesten y se pueda determinar la naturaleza de las futuras reacciones. La diaria observación del pulso, lengua, cara, ojos, uñas y labios provee indicaciones sutiles. A través de éstas, el estudiante de Ayurveda puede aprender qué procesos patológicos están ocurriendo en el cuerpo, qué órganos están en malas condiciones y dónde se han acumulado las toxinas y las *doshas*. Al revisar regularmente los indicadores del cuerpo, se puede detectar tempranamente los síntomas patológicos y tomar medidas preventivas necesarias.

La Ayurveda dice que el paciente es un libro viviente; para entender y mantener un bienestar físico, el individuo se debe leer diariamente.

### EXAMEN DEL PULSO RADIAL
Como se ve en el diagrama, el pulso radial se toma con los tres primeros dedos: índice, corazón y anular. Para hacer un examen completo del pulso, el médico se coloca frente al paciente y toma el pulso de cada muñeca. El pulso varía del lado izquierdo al derecho; por esto se debe tomar en ambos lados. También

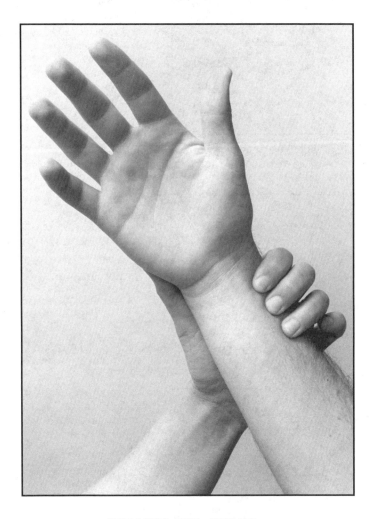

**EXAMEN DEL PULSO**

Mantenga el brazo ligeramente flexionado, doblando un poco la muñeca. Ponga los tres dedos superficialmente para sentir la palpitación del pulso. Afloje levemente los dedos para sentir sus diferentes movimientos.

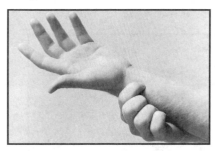

*Rápido, estrecho, débil, frío e irregular.*
*Velocidad: 80-100 latidos por minuto.*

1. El lugar donde se pone el dedo índice indica el pulso de *vata*. Cuando este tipo de pulso predomina, el dedo índice siente latidos más fuertes. Además el pulso se siente como el deslizamiento rápido de una serpiente.

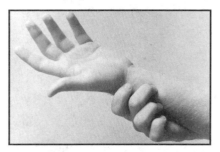

*Brincos excitados, pulso prominente, caliente, moderado y regular.*
*Velocidad: 70-80 latidos por minuto.*

2. El lugar donde se pone el dedo medio denota al pulso de *pitta*. Cuando este pulso predomina, se siente más este dedo. Es activo y brinca como el movimiento de una rana.

*Lento, fuerte, estable, suave, ancho, regular, tibio.*
*Velocidad: 60-70 latidos por minuto.*

3. El lugar donde se pone el dedo anular indica el pulso de *kapha*. Cuando este tipo de pulso domina, este dedo lo sentirá con más fuerza. Este pulso es lento y parece el nado de un cisne.

## Diagrama 3
## Puntos del pulso

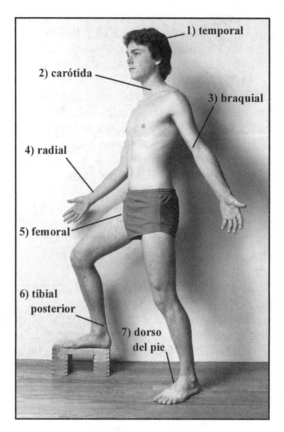

EL PULSO SE PUEDE TOMAR: 1) En la arteria temporal, justo arriba de la sien del lado de la cabeza. 2) En la arteria carótida, del lado del cuello, arriba de la clavícula. 3) En la arteria braquial, del lado interno del brazo, arriba del codo. 4) En la arteria radial, en la muñeca. 5) En la arteria femoral, en el interior de la parte delantera del muslo donde se articula con la pelvis. 6) En la arteria posterior de la tibia, atrás del tobillo. 7) En la arteria dorsal del pie, en la parte de arriba.

53

se puede tomar en otros puntos del cuerpo. (Ver diagrama puntos del pulso). No debe tomarse después de haber hecho algún esfuerzo, de recibir masaje, de haber comido, haberse bañado o tenido actividad sexual. El pulso se puede alterar si uno ha estado previamente cerca de fuentes de calor o haciendo ejercicio.

Para tomarse uno mismo el pulso, se puede mantener el brazo y la muñeca levemente flexionados y colocar los tres dedos ligeramente sobre la muñeca, junto al hueso radial hasta sentirlo palpitar. Después hay que disminuir ligeramente la presión de los dedos para sentir los cambios de frecuencia del pulso.

La posición del dedo índice, muestra el lugar de *vata dosha*. Cuando *vata* es predominante en la constitución, el dedo índice sentirá el pulso con mayor intensidad. Si es irregular y tenue, y oscila como una serpiente, se llama pulso de serpiente e indica que hay exceso de *vata* en el cuerpo.

El movimiento que siente el dedo medio denota el pulso de *pitta dosha*. Cuando *pitta* es dominante en la constitución, el pulso será más fuerte en este dedo, se sentirá activo y excitado, brincará como una rana, por lo que se llama pulso de rana e indica exceso de *pitta*.

Cuando *kapha* es predominante, la palpitación debajo del anular es más notable. El pulso se siente fuerte y su movimiento parece un cisne que flota. Por lo que se llama pulso de cisne.

No sólo la constitución, sino también el estado de los órganos del cuerpo se puede determinar examinando los pulsos superficiales y profundos. Los latidos del pulso no sólo corresponden a los del corazón, sino también revelan algo sobre los meridianos importantes que conectan las corrientes *pránicas* de energía del cuerpo. Estas corrientes circulan en la sangre pasando por los órganos vitales: el hígado, corazón y cerebro. Al sentir los pulsos superficiales y profundos, el practicante alerta puede detectar las condiciones de estos órganos. Cada dedo descansa sobre el meridiano del elemento asociado con la *dosha* de ese lugar. (Ver diagrama de la mano). Por ejemplo, el dedo índice que descansa sobre *vata dosha*, detecta el aire biológico. El dedo medio que toca *pitta*, detecta el fuego, y el dedo anular siente el pulso de *kapha* o agua.

## Diagrama 4
# Los meridianos y los cinco elementos básicos

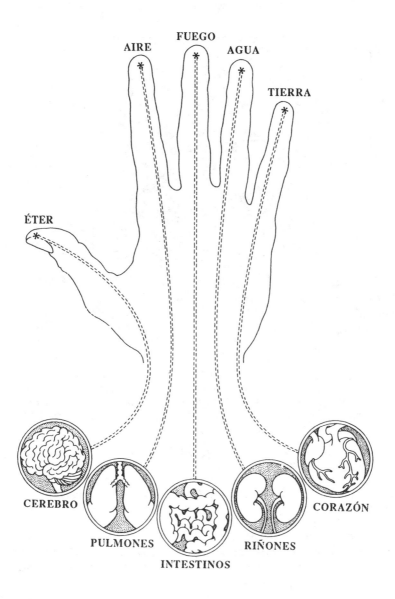

## Diagrama 5
### El pulso y los órganos

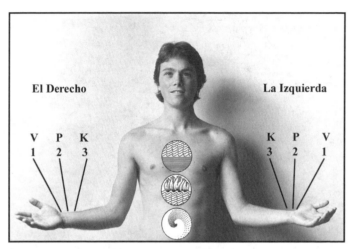

TOQUE SUPERFICIAL: 1) Intestino grueso, 2) Vesícula biliar, 3) Pericardio, TOQUE PROFUNDO: 1) Pulmón, 2) Hígado. 3)*Vata-pitta-kapha*.

TOQUE SUPERFICIAL: 1) Intestino delgado, 2) Estómago. 3) Vejiga, TOQUE PROFUNDO: 1) Corazón, 2) Estómago, 3) Riñón.

**EL PULSO NO SE DEBE TOMAR:** 1) Después de recibir un masaje. 2) Después de comer o haber tomado alcohol. 3) Después de tomar el sol. 4) Después de haber estado cerca del fuego. 5) Después de fuerte trabajo físico. 6) Después de tener relaciones sexuales. 7) Mientras se está hambriento. 8) Mientras se está tomando un baño.

**VELOCIDAD DEL PULSO EN RELACIÓN CON LA EDAD**: 1) Bebé dentro del útero -160. 2) Bebé después del nacimiento -140. 3) Desde el nacimiento hasta el año -130. 4) De uno o dos años -100. 5) De tres a siete años -95. 6) De ocho a catorce -80. 7) Adulto promedio -72. 8) Vejez -65. 9) Enfermedad -120. 10) Al momento de morir -160.

El dedo índice descansa en la muñeca derecha y con un toque superficial se puede percibir la actividad del intestino grueso; cuando la presión se aplica con más fuerza, se siente la actividad de los pulmones. Si se siente un latido prominente cuando se

**56**

aplica de manera superficial, el dedo índice del lado derecho, esto indica un exceso de *vata* en el intestino grueso. Si el pulso profundo es fuerte y palpitante, hay congestión en los pulmones. El dedo medio que descansa en la muñeca derecha, detecta el estado de la vesícula biliar con toque superficial, y del hígado con presión más profunda. El dedo anular siente el pericardio (cubierta externa del corazón) cuando se aplica superficialmente, y cuando se aplica un toque profundo, se detecta la relación armoniosa entre *vata-pitta-kapha*.

El dedo índice con presión superficial del lado izquierdo, detecta la actividad del intestino delgado, mientras que el corazón se siente con presión profunda. A través de la presión superficial del dedo medio, se observa la actividad del estómago, y con presión profunda se conoce el estado del bazo. El dedo anular aplicado superficialmente revela la condición de la vejiga; si se hace profundamente se examina el funcionamiento de los riñones. Se requiere de atención y práctica diaria para aprender la técnica.

Se puede sentir cómo varía el pulso durante las diferentes horas del día. También se pueden notar cambios en él después de orinar; cuando se está hambriento o cuando se siente rabia. Si se observan estos cambios, se puede aprender a leer el pulso.

### DIAGNÓSTICO DE LA LENGUA

La lengua es un órgano del sabor y del habla. Percibimos los sabores a través de la lengua cuando está mojada; una lengua seca no puede percibir sabores. La lengua también es un órgano vital del habla, usado para transmitir en palabras pensamientos, conceptos, ideas y sentimientos. El examen de este importante órgano nos revela el estado del cuerpo.

Mire su lengua en el espejo. Observe el tamaño, forma, contorno, superficie, márgenes y color. Si el color es pálido, hay una condición anémica o falta de sangre en el cuerpo. Si el color es amarillento, existe un exceso de bilis en la vesícula biliar o hay un desorden en el hígado. Si el color es azul, hay algún defecto en el corazón.

Como se demuestra en el diagrama, diferentes partes de la lengua se relacionan con diferentes órganos del cuerpo. Si hay

## Diagrama 6
## Diagnóstico de la lengua (*Jihva*)

**CONDICIONES:** Una decoloración y/o sensibilidad en un área particular de la lengua indica algún desorden en el órgano correspondiente a esa zona (ver diagrama). Una lengua blancuzca indica un problema con *kapha* y acumulación de mucosidades. Una lengua rojiza o amarillo-verdosa indica un desorden de *pitta*, y una coloración negro-café indica un desequilibrio en *vata*. Una lengua deshidratada es sintomática de la disminución de *rasa dhatu* (plasma), mientras que una lengua pálida indica disminución de *rakta dhatu* (hemoglobina).

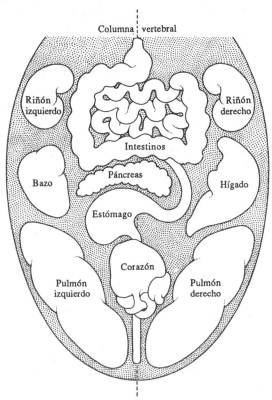

Nota: *Este diagrama está hecho para ver uno su propia lengua en un espejo. Es una imagen de espejo.*

**Colon sensible**

**Desorden del riñón**

**Corazón delicado**

**Pulmones delicados**
(depresiones)

**Bronquitis**
(espuma)

**Neumonitis**
(café)

**Nutrientes no
absorbidos**
(huella de los dientes)

**Toxinas en el colon**
(blanco)

**Toxinas en el
tracto digestivo**
(blanco con perímetro rojo)

***Vata*** **crónico problemas
en el intestino grueso**
(fisuras)

**Miedo o ansiedad
muy arraigados**
(temblores)

**Emociones guardadas a
lo largo de la columna**
(línea media)

*Diagrama 6. continuación*

Dolor en la baja
espalda
(línea media torcida)

Dolor en la media
espalda
(línea media torcida)

Dolor cervical
(línea media torcida)

decoloración, depresiones o elevaciones en ciertas áreas, el órgano respectivo está en mal estado. Por ejemplo, si se ven las huellas de los dientes a lo largo del margen de la lengua, esto indica deficiente absorción intestinal.

Si la lengua está cubierta por una capa, indica que hay toxinas en el estómago, intestino grueso o delgado. Si sólo está cubierta la parte posterior, hay toxinas en el intestino grueso; si la capa cubre la parte media, hay toxinas en el estómago e intestino delgado.

Una línea a lo largo de la lengua indica que hay emociones guardadas en la columna vertebral. Si la línea es curva, puede indicar una deformación de la curvatura de la espina.

### DIAGNÓSTICO FACIAL

La cara es el espejo de la mente. Las líneas arrugadas de su cara son reveladoras. Si existe algún desorden o enfermedad, se reflejarán en la cara. Observe cuidadosamente las diferentes partes de su cara. Las arrugas horizontales de la frente indican preocupaciones y ansiedades profundamente arraigadas. Una línea vertical entre las cejas, del lado izquierdo, indica que el bazo está acumulando emociones.

Cuando los párpados inferiores están llenos o hinchados, indican algún desorden en los riñones. Una decoloración en forma de mariposa en la nariz o en las mejillas, justo debajo de la región de los riñones (ver diagrama correspondiente), indica que el cuerpo no está absorbiendo hierro o ácido fólico, y que el metabolismo digestivo no trabaja correctamente, debido a un *agni* bajo.

## Diagrama 7
## Diagnóstico facial

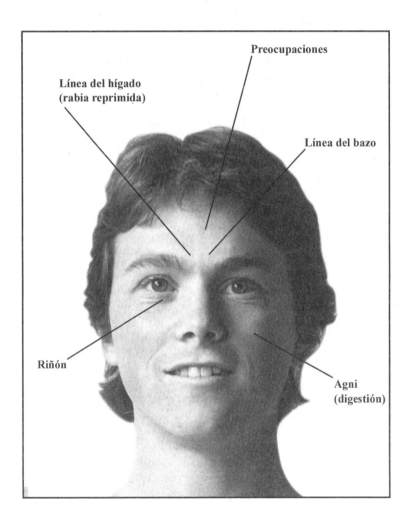

Preocupaciones

Línea del hígado
(rabia reprimida)

Línea del bazo

Riñón

Agni
(digestión)

Generalmente, una persona de constitución *vata* no puede subir de peso fácilmente; por lo tanto, sus mejillas son planas y hundidas. Una persona cuyo metabolismo es lento (constitución *kapha*) retendrá agua y grasa, por lo que las mejillas serán regordetas. La forma de la nariz indica la constitución. Una nariz aguda puede corresponder a *pitta,* una chata a *kapha* y una nariz curva a *vata.*

## DIAGNÓSTICO DE LOS LABIOS

Así como otras partes del cuerpo (lengua, uñas, cara, ojos, etc.), los labios también reflejan la salud o enfermedad de varios órganos. Se debe observar el tamaño, forma, superficie, color y contorno de los labios. Si están secos y rasposos, indican deshidratación o un desequilibrio de *vata.* El nerviosismo y el miedo también crean resequedad y temblor de los labios. En casos de anemia, los labios se ponen pálidos. Una de las consecuencias de fumar durante muchos años es el color café muy oscuro de los labios. Zonas inflamadas a lo largo de los márgenes de los labios pueden indicar herpes y desórdenes crónicos de *pitta.* Si se encuentran puntos café pálido en los labios, existe mala digestión o lombrices en el intestino grueso. En condiciones de ictericia, los labios se tornan amarillos. En las complicaciones del corazón debido a la falta de oxígeno, los labios adquieren un color azulado. Decoloraciones en diferentes áreas, indican desorden en los respectivos órganos. (Ver diagrama).

## DIAGNÓSTICO DE LA UÑAS

De acuerdo con la Ayurveda, las uñas son un producto de desecho del tejido óseo. Observe el tamaño, la forma, la superficie y el contorno de sus uñas. También fíjese si son flexibles, suaves, tiernas, o si son frágiles y quebradizas. Si las uñas están secas, torcidas, ásperas y quebradizas, *vata* predomina en el cuerpo. Si las uñas son suaves, rosadas, tiernas, se doblan con facilidad y brillan ligeramente, *pitta* predomina. Cuando las uñas son gruesas, suaves, muy brillosas y

## Diagrama 8
## Diagnóstico de los labios *(Oshta)*

**Condiciones:** Los labios típicos de *vata* son delgados y secos. Los de *pitta* rojos; y los de *kapha*, gruesos y grasosos. Labios secos y agrietados indican deshidratación y desequilibrio de *vata*. Los labios pálidos son sintomáticos de anemia. Los puntos café indican indigestión crónica y pueden significar la presencia de lombrices en el intestino grueso. Las ampollas o úlceras típicas de herpes significan un problema con *pitta*. El temblor de los labios es un signo de miedo o ansiedad.

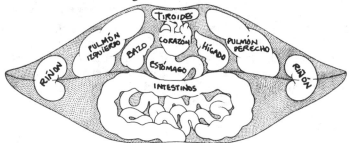

Nota: *Este diagrama se debe usar para mirar sus propios labios en un espejo.*

*

con un contorno muy parejo, entonces es *kapha* quien predomina. Las líneas longitudinales en la uñas indican mala absorción del sistema digestivo. Las ranuras transversales revelan una nutrición deficiente o una larga enfermedad.

Algunas veces, las uñas se vuelven prominentes, convexas y bulbosas como una baqueta. Esta condición indica que los pulmones y corazón se encuentran delicados. Cuando la uña tiene forma de cuchara, es cóncava y puede sostener una gota de agua, existe una deficiencia de hierro. Manchas o puentes blancos en la uña indican deficiencia de calcio o zinc.

Las uñas pálidas indican anemia. Las demasiado rojizas muestran un exceso de glóbulos rojos. Las uñas amarillas indican un hígado delicado o ictericia. Las uñas azules, un corazón débil.

Cada dedo corresponde a un órgano del cuerpo. La uña del pulgar corresponde al cerebro y al cráneo, y la del dedo índice a los pulmones. El dedo medio se relaciona con el intestino delgado y el anular con el riñón; el dedo meñique con el corazón.

## Diagrama 9
# Diagnóstico de las uñas

**VATA**
quebradizas

**PITTA**
suaves, rosadas, tiernas

**KAPHA**
gruesas, fuertes, grasosas

**CONDICIONES**: El color de las uñas puede indicar algún desorden. Si una uña es pálida, puede significar anemia. La uña amarilla es el signo de un hígado delicado, mientras que un azul es sintomático de pulmones y corazón delicado. Si la parte inferior de la uña, que tiene forma de luna creciente, está azul, quiere decir que hay problemas con el hígado, y si está roja, hay problemas con el corazón.

**Nerviosismo**
Problemas de *vata*
(uña mordida)

**Mala nutrición**
Problemas de *agni*
(superficie con estrías horizontales)

**Mala absorción**
Desorden de *vata*
(estrías longitudinales)

**Pulmones y corazón delicado**
*Prana* deficiente
(uña cóncava)

**Tos crónica**
Desorden de *kapha*
(pico de perico)

**Fiebre crónica o larga enfermedad**
(surco transverso)

**Infección crónica del pulmón**
Desorden de *kapha*
(protuberancia al final de la uña)

**Deficiencia de calcio o zinc**
(puntos blancos)

Un punto blanco en la uña del dedo anular indica depósitos de calcio en el riñón. Si el punto está en el dedo medio, existe calcio que no se ha absorbido en el intestino. Si el punto blanco está en el índice, indica depósitos de calcio en los pulmones.

*Diagrama 10*
## Diagnóstico de los ojos

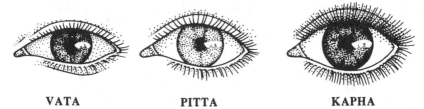

| VATA | PITTA | KAPHA |

Los ojos de *vata* son pequeños y nerviosos, los párpados caídos y pestañas lacias, secas y escamosas. La parte blanca del ojo es turbia, mientras que el iris es obscuro, gris-café o negro. Los ojos de *pitta* son de tamaño moderado, agudos, lustrosos y sensibles a la luz. Tienen pestañas escasas y grasosas. El iris es rojo o amarillento. Los ojos de *kapha* son grandes, hermosos y húmedos, con pestañas largas, gruesas y grasosas. La parte blanca del ojo es muy blanca. El iris es pálido, azul o negro.

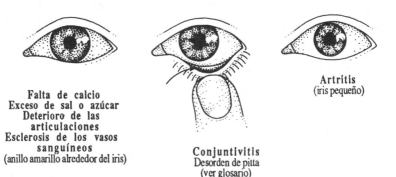

Falta de calcio
Exceso de sal o azúcar
Deterioro de las
articulaciones
Esclerosis de los vasos
sanguíneos
(anillo amarillo alrededor del iris)

Conjuntivitis
Desorden de pitta
(ver glosario)

Artritis
(iris pequeño)

## DIAGNÓSTICO DE LOS OJOS
Los ojos que son pequeños y parpadean frecuentemente muestran una predominancia de *vata* en el cuerpo. El parpadeo excesivo muestra nerviosismo, ansiedad y miedo. El párpado

superior caído indica inseguridad, miedo y falta de confianza; en suma, *vata* en desequilibrio.

Ojos grandes, hermosos y atractivos indican constitución *kapha*.

Los ojos *pitta* son lustrosos y sensibles a la luz, son rojizos y tienden a la miopía. Según la Ayurveda, los ojos obtienen su energía del elemento fuego, y por lo tanto, demasiada energía en la retina genera excesiva sensibilidad a la luz. Así las personas de constitución *pitta,* tienen una abundancia de fuego en su cuerpo y a menudo tienen los ojos hipersensibles.

Si los ojos son prominentes, existe un mal funcionamiento de la tiroides. Si la conjuntiva es pálida, puede indicar anemia; si es amarilla, el hígado está débil.

También se puede examinar el color, tamaño y forma del iris. El iris pequeño indica articulaciones débiles. Un anillo blanco alrededor del iris significa demasiada ingestión de sal y azúcar. Especialmente durante la edad madura, este círculo también puede indicar tensión. Si el anillo es muy prominente y muy blanco, quiere decir que las articulaciones pueden estar degenerándose. Si hay puntos café obscuro en el iris puede indicar que el hierro no ha sido absorbido en los intestinos.

Además de las técnicas de diagnóstico mencionadas anteriormente, la Ayurveda también emplea otros métodos de examen clínico: palpación, percusión, auscultación y cuestionarios. También se examina el corazón, el hígado, el bazo, los riñones, la orina, las heces, el esputo, el sudor, la forma en que el individuo habla y su fisonomía.

# CAPÍTULO VII
# Tratamiento

Todo tratamiento ayurvédico procura restablecer el equilibrio entre los humores corpóreos -*vata, pitta* y *kapha* - ya que según lo discutido en el capítulo IV, la enfermedad resulta del desequilibrio de los mismos. De acuerdo con las enseñanzas de la Ayurveda, si se comienza un tratamiento, cualquiera que sea su forma (a través de medicamentos, acupuntura, quiropráctica, masaje, alopatía o cualquier otro) sin eliminar primero las toxinas del sistema, que son las responsables de la enfermedad, sólo se logrará que éstas entren más profundamente a los tejidos. El alivio sintomático del proceso de la enfermedad puede ser resultado de un tratamiento superficial con el que no se ha eliminado su causa fundamental. Por esto el problema se volverá a manifestar, ya sea de la misma forma o en una nueva. Hay dos tipos de tratamientos ayurvédicos: eliminación de toxinas y neutralización de toxinas. Estos tratamientos se pueden aplicar tanto en el plano físico como en el emocional.

## LA LIBERACIÓN DE LAS EMOCIONES

En primer lugar vamos a analizar los factores emocionales o psicológicos. La furia, el miedo, la ansiedad, el celo posesivo, el nerviosismo, la envidia y la codicia son emociones humanas comunes. A pesar de esto, casi todos aprendemos, durante la niñez, a no expresar estas emociones negativas. Como resultado, desde temprana edad, se comienzan a reprimir las expresiones naturales de estos sentimientos. La ciencia ayurvédica enseña que el individuo debe liberar estas emociones, porque si permanecen reprimidas, causarán desequilibrios y provocarán toxinas, que a su vez, causarán alguna enfermedad.

La técnica que se emplea contra la negatividad es: observación y liberación. Por ejemplo, cuando surge la furia, uno debe estar plenamente conciente de ella; observar este sentimiento mientras se desarrolla de principio a fin. A partir de esta observación uno puede aprender sobre la naturaleza de la furia. Después hay que dejar que desaparezca, hay que liberarla. Todas las emociones negativas pueden ser tratadas de esta manera. La Ayurveda enseña que al hacer conciente las emociones negativas, uno puede liberarse de ellas.

El miedo se relaciona con *vata,* la ira con *pitta;* la codicia, la envidia y el celo posesivo con *kapha.* Si uno reprime el miedo, los riñones se desequilibrarán; la ira alterará el hígado; la codicia y el celo posesivo, el corazón y el bazo.

### EL PANCHA KARMA

Se pueden usar métodos de eliminación física para numerosas enfermedades que se manifiestan como mucosidades en el pecho, bilis en el intestino, *kapha* en el estómago o acumulación de gases en el intestino grueso. En estos casos, la Ayurveda sugiere *pancha karma.* Este proceso limpia y purifica el cuerpo, la mente y las emociones. *Pancha* quiere decir "cinco" y *karma* "acciones" o "procesos". Los cinco procesos básicos son: el vómito, los purgantes o los laxantes, los enemas medicinales, la administración nasal de medicamentos y la purificación de la sangre.

### VÓMITOS TERAPÉUTICOS *(Vaman)*

Cuando existe una congestión en los pulmones que causa bronquitis, tos, catarro o asma, el tratamiento ayurvédico que se utiliza es el vómito terapéutico *(vaman)* para eliminar el exceso de *kapha* que causa las mucosidades. Primero se toman tres o cuatro vasos de té de orozuz o de raíz de cálamo. Después se frota la parte posterior de la lengua para provocar el vómito, lo que también liberará algunas emociones. Otra alternativa es que en la mañana, antes de cepillarse los dientes, se tomen dos vasos de agua con sal, lo que agravará a *kapha.* Después se debe inducir al vómito. Una vez expulsada la mucosidad, el paciente sentirá alivio inmediato. La congestión, la sofocación y la falta de aire desaparecerán, y los senos paranasales se aclararán.

El vómito terapéutico también es indicado para enfermedades de la piel, asma crónico, diabetes, catarro crónico, obstrucción linfática, indigestión crónica, edema (hinchazón), epilepsia (el

# Terapia de vómito *(Vaman)*
*Eliminación a través de los conductos superiores*

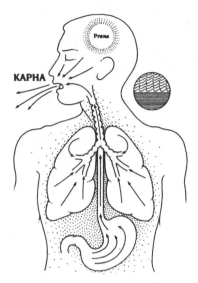

*Vaman* es el método para limpiar a *kapha* y eliminar mucosidades y congestión.

**Medidas pre-eméticas:** Se administran fomentos y masaje de aceite la noche anterior al *vaman*. Uno o dos días antes de *vaman*, la persona deberá tomar una o dos tazas de aceite, tres veces al día, hasta que las heces se pongan grasosas, o hasta que sienta náuseas. También debe hacer una dieta kaphagénica para agudizar el *kapha* en el cuerpo. *Vaman* debe suceder en la mañana (tiempo de *kapha* ). La persona debe comer arroz basmati y yogur con mucha sal temprano en la mañana, lo que agravará *kapha* en el estómago. La aplicación de calor en el pecho y espalda.licuará *kapha*. La persona se debe sentar calmadamente en una silla del alto de la rodilla, y tomar té de raíz de orozuz y miel o un té de raíz de cálamo. La preparación emética debe medirse y anotarse antes de que se tome, para que después del vómito se pueda determinar su cantidad. Después de tomar té, la persona debe sentir náuseas. Es ahora cuando debe frotarse la úvula (campanilla) para inducir el vómito, continuando hasta que la bilis salga en éste. El éxito del tratamiento se determina por 1) el número de vómitos (8 es lo máximo, 6 medio y 4 mínimo). 2) la cantidad (un litro máximo, un cuarto y medio está regular y un cuarto mínimo).

**Medidas post-eméticas:** Descanso, ayuno, fumar cigarros medicinales y no suprimir las urgencias naturales (por ejemplo: orinar, defecar, evacuar gases, estornudar, toser, etc.).

**Indicaciones:** Tos, resfriados, síntomas de asma, fiebre tipo *kapha*, náuseas, pérdida de apetito, anemia, sangrado por los canales inferiores, envenenamiento, enfermedades de la piel, diabetes, epilepsia, problemas crónicos de sinusitis, ataques repetidos de amigdalitis.

**Contraindicaciones:** Niñez, vejez, debilidad, hambre, enfermedades del corazón, cavidades en los pulmones, sangrado de los canales superiores, menstruación, embarazo, emaciación, tristeza y obesidad.

**Sustancias eméticas:** Orozuz, cálamo, sal, cardamono, nux vomica.

*Cuadro 6*
## Terapia de laxantes *(Virechan)*
*Eliminación a través de canales inferiores*

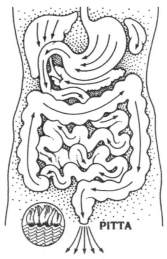

Virechan es el medio de purificación de *pitta* y de las toxinas de la sangre. Se puede dar tres días después de la terapia de *vaman*. Si la terapia de *vaman* no ha sido indicada, se puede administrar directamente. Como preparación a esta terapia, se debe aplicar aceite y fomentos al recto y al abdomen respectivamente. Esta terapia limpia los intestinos, las glándulas sudoríparas, los riñones, el estómago, el hígado y el bazo.

**Indicaciones:** Enfermedades de la piel, fiebre crónica, hemorroides, tumores abdominales, lombrices, gota e ictericia.

70

**Posibles contra-indicaciones:** Niñez, vejez, debilidad, fiebre aguda, *Agni* bajo, indigestión, sangrado de canales inferiores, cavidades en los pulmones, diarrea, cuerpo extraño en el estómago, inmediatamente después de *Vaman*, emaciación, colitis ulcerativa, prolapso del recto.

**Sustancias laxantes:** Hojas sen, uva-pasa, salvado, linaza, raíz de diente de león, leche de vaca, sal, aceite de ricino, pasitas, jugo de mango.

vómito debe hacerse entre los ataques), problemas crónicos de los senos paranasales y ataques frecuentes de anginas.

### PURGANTES *(Virechan)*

Como resultado de secreción y acumulación excesiva de bilis en la visícula biliar, hígado o intestinos, se producen inflamaciones de la piel, erupciones cutáneas alérgicas, como acné o dermatitis, fiebre crónica, ascitis, vómito biliar o ictericia. El tratamiento ayurvédico para estas afecciones es la administración de purgantes o laxantes *(virechan)*. Para este propósito se pueden usar varias hierbas. Por ejemplo, la infusión de las hojas de sen es un laxante suave, pero también puede causar mucho dolor a personas de constitución *vata*, pues agrava los movimientos peristálticos del intestino grueso. Un laxante efectivo para constituciones *vata* y *pitta*, es un vaso de leche caliente, al que se añaden dos cucharaditas de *ghee* (ver apéndice C). Este laxante se toma antes de acostarse. Ayudará a aliviar desórdenes causados por exceso de *pitta*, como demasiada bilis en el cuerpo. De hecho, los purgantes pueden curar completamente el exceso de *pitta*.

Es importante checar la dieta, al usar purgantes. El paciente que no ingiere alimentos, puede verse agravado por un desequilibrio en la dieta alimenticia. (Ver capítulo VIII.)

Los purgantes no deben darse a personas con *agni* bajo, puede causar fiebre, diarrea, gripa o sangrado del recto o cavidades pulmonares. No debe ser administrado cuando hay un tumor externo en el estómago, después de una enema o en casos de enflaquecimiento, debilidad o prolapso rectal.

# Terapia de enemas *(Basti)*
*Eliminación y medicación a través de canales inferiores*

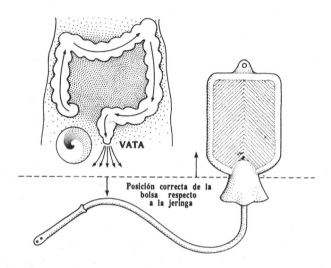

Posición correcta de la
bolsa respecto
a la jeringa

*Vata* es el principal factor etiológico en la manifestación de una enfermedad.
*Vata* es responsable de la retención y eliminación de heces, orina, bilis y
otras excreciones.
*Vata* se localiza principalmente en el intestino grueso. Los huesos también
son el lugar de *vata*. De esta manera, las medicinas aplicadas por el recto
trabajan directamente con *ashti dhatu*. La membrana mucosa del intestino
grueso está relacionada con la cubierta exterior de los huesos (periostio), el
cual los nutre. Así cualquier medicina administrada por vía anal va a los
tejidos más profundos como los huesos, y corrige los desórdenes de *vata*.
**Tipos de enemas:** 1) De aceite - de media a una taza de aceite para
estreñimiento crónico. 2) Enema a base de decocción - media taza de
consuelda o de gotu-kola (ver decocción de raíz de orozuz dentro de *ghee* de
raíz de orozuz en la sección de recetas) con media taza de aceite de ajonjolí.
3) Enema nutritivo -una taza de leche tibia, una taza de caldo de carne o una
taza de sopa de médula.
**Indicaciones:** Estreñimiento, distensión, dolor en la baja espalda, gota,
reumatismo, ciática, artritis, desórdenes nerviosos, dolor de cabeza tipo
*vata*, emaciación, atrofia muscular.

**Contraindicaciones:** 1) Enemas de aceites - diabetes, obesidad, indigestión, *agni* bajo, esplenomegalia, pérdida de conciencia. 2) Enemas de decocción - debilidad, hipo, hemorroides, inflamación del ano, diarrea, embarazo, ascitis, diabetes. 3) Enemas nutritivos - diabetes, obesidad, obstrucción linfática, ascitis.

❃

## ENEMA *(Basti)*

El tratamiento ayurvédico con enemas *(basti)*, incluye la introducción por vía anal de sustancias medicinales como aceite de ajonjolí, aceite de raíz de cálamo o decocciones de hierbas. Los enemas medicinales son un tratamiento completo para curar desórdenes de *vata*. Alivian el estreñimiento, distensión abdominal, fiebre crónica, resfriados comunes, desórdenes sexuales, piedras en los riñones, vómito, dolor de espalda y cuello e hirperacidez. Muchos problemas causados por *vata* como la ciática, la artritis, el reumatismo y la gota también se tratan con enemas. *Vata* es un principio muy activo en la patogénesis, y por lo menos existen ochenta enfermedades relacionadas con ella, es un tratamiento completo para un gran porcentaje de estas enfermedades.

Los enemas medicinales no se deben administrar si el paciente sufre de diarrea, o si sangra por el recto. No se deben administrar enemas de aceite a personas con indigestión crónica, tos, sofocación, diarrea, diabetes o anemia severa; tampoco a personas de edad avanzada o niños menores de siete años. Los enemas preparados con decocción de hierbas no se deben administrar durante fiebres agudas, diarreas, resfriados, parálisis, dolor fuerte en el abdomen o emaciación. Los enemas de aceite o de decocciones se deben retener por lo menos treinta minutos o lo más posible.

## ADMINISTRACIÓN NASAL *(Nasya)*

La administración nasal de medicamentos se llama *nasya*. El exceso de *doshas* acumuladas en la garganta, nariz, senos paranasales o cabeza, se elimina por medio del orificio más cercano. La nariz es la puerta al cerebro y a la conciencia. La energía de la vida o *prana* entra al cuerpo a través de la respiración nasal. *Prana* mantiene las funciones sensoriales y motoras. La administración nasal de medicamentos ayuda a la corrección de desórdenes de *prana* que afectan las funciones cerebrales, sensoriales y motoras.

La administración nasal está indicada para la resequedad de la nariz, congestión de senos paranasales, ronquera, migraña, convulsiones y ciertos problemas de ojos y oídos. En general, la medicina nasal no debe administrarse después de bañarse, comer, tener relaciones sexuales o beber alcohol; tampoco debe aplicarse durante el embarazo o menstruación. La respiración también se puede mejorar a través del masaje nasal: se unta con

*Cuadro 8*
## Administración nasal *(Nasya)*
*La nariz es la puerta al cerebro y a la conciencia*

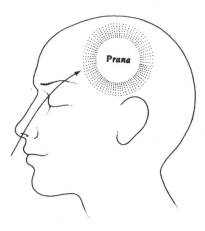

Tipos de *Nasya:* 1)*Virechana* (limpia con el uso de polvos de hierbas). 2) *Nasya* nutritivo (para *vata* ). 3) *Nasya* a base de decocciones. 4) *Nasya* sedante. 5) *Nasya* de *ghee* o de aceite. 6) Masaje nasal.

**Administración de polvos:** El polvo seco de *gotu-kola* se sopla con un tubo hacia la nariz. Se usa en desórdenes de *kapha:* dolores y pesadez de cabeza, resfriados, flujo nasal, legañas, ronquera debido a un *kapha* pegajoso, sinusitis, linfadenitis cervical, tumores, lombrices, enfermedades de la piel, epilepsia, mareos, mal de Parkinson, rinitis crónica, posesividad, avaricia, lujuria.

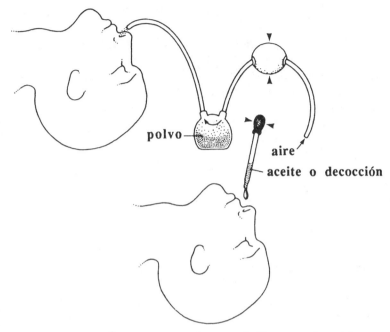

polvo

aire

aceite o decocción

*Nasya* **nutritivo:** Úsese ghee, aceites y sal. Un *nasya* nutritivo para desórdenes de *vata:* migraña, dolor de cabeza, resequedad en la voz, nariz reseca, nerviosismo, ansiedad, miedo, mareos, vacío, negatividad, ptosis, bursitis, cuello rígido, espondilosis cervical, sinusitis seca, pérdida del olfato.

*Nasya* **sedante:** Use jugo de sábila, leche tibia, jugo de raíz de espárrago, jugo de gotu-kola. Este tipo de nasya sólo se usa en desórdenes de *pitta:* pérdida de cabello, conjuntivitis, zumbido de oídos.

*Nasya* **de aceite:** Decocciones y aceite juntos se usan para problemas de *vata, pitta* y *kapha.*

**Masaje nasal:** Meta el dedo meñique limpio en el aceite adecuado e insértelo en cada ventana nasal lo más profundo posible. De esta manera el pasaje nasal se lubricará a través de este suave masaje. Esto ayuda a relajar los tejidos más profundos y se puede hacer en días alternados, o cuando se está bajo gran tensión.

Como se ve en el diagrama, la persona se debe acostar sobre una mesa con la cabeza a un nivel inferior y la nariz hacia arriba. Ponga cinco gotas de aceite o de decocción, según se necesite, en cada ventana nasal. Quédese en esta posición durante un minuto o más.

**Contraindicaciones:** Embarazo, menstruación, después de haber tenido relaciones sexuales, de haberse bañado, comido o haber tomado alcohol.

**Sustancias usadas para nasya:** Polvo de raíz de cálamo, gotu-kola, cebolla, ajo, pimienta negra, pimienta de cayena, jengibre, decocciones de ghee.

*ghee* el dedo meñique y se introduce en la nariz. Se deben masajear lentamente las paredes de la nariz. Este tratamiento ayudará a liberar las emociones acumuladas en este lugar. (El tejido nasal es muy frágil. La uña debe estar corta para evitar rasguñar la delicada membrana) Un lado de la nariz será más fácil de penetrar y masajear que el otro, debido a que la mayoría de las personas tienen desviado el tabique nasal. El dedo no debe introducirse con fuerza. El masaje comienza con una penetración lenta, el dedo debe girar en dirección al reloj, y después en dirección contraria. Así se pueden liberar las emociones que están bloqueadas en el aparato respiratorio. El tratamiento se puede dar cada mañana y cada noche. Así se pueden cambiar los patrones de respiración; las emociones se liberan y la vista mejorará.

### SANGRÍA *(Rakta mokha)*
Las toxinas que se absorben por el torrente sanguíneo a través del sistema digestivo, circulan por el cuerpo. Se pueden manifestar creando enfermedades, debajo de la piel o en las articulaciones. En estos casos, es necesaria la eliminación de toxinas y la purificación de la sangre.

La sangría es lo más indicado para ataques frecuentes de enfermedades de la piel (urticaria, eczema, acné, erupciones, sarna, leucoderma y comezón crónica), para casos de hepatomegalia, esplenomegalia y para la gota.

*Pitta* se manifiesta en los desechos de la sangre; por lo tanto, en muchos desórdenes de *pitta,* como erupciones y acné, las toxinas circulan en ella. Para aliviar muchas enfermedades de este tipo, se extrae una pequeña cantidad de sangre de las venas, lo que también ayuda a aliviar la tensión creada por estas toxinas*.

La sangría también estimula la producción de sustancias anti-tóxicas de la sangre, que ayudan a fortalecer el mecanismo inmunológico. De esta forma, las toxinas se neutralizan permitiendo la cura radical de enfermedades relacionadas con la sangre y los huesos.

---

*Este procedimiento sólo debe ser administrado por un médico.

76

La sangría está contraindicada en casos de anemia, edema y debilidad. Este tratamiento no se recomienda para niños y personas de edad mayor.

El exceso de azúcar, sal y yogur y ciertos alimentos agrios es tóxico para la sangre. En ciertas enfermedades sanguíneas, se debe evitar el consumo de estas sustancias para mantener la sangre pura.

La infusión de raíz de lampazo *(Artium lappa)* es el mejor purificador de la sangre. Para las enfermedades transmitidas a través de la sangre (alergias, erupciones o acné), el paciente debe tomar leche como laxante ligero y la noche siguiente, comenzar con una infusión de raíz de lampazo. Esta infusión se hace con una cucharadita de polvo de la raíz para una taza de agua caliente. Si se toma diario, la sangre empezará a purificar.

Otras hierbas que ayudan a purificar la sangre son: azafrán, polvo de sándalo, cúrcuma y raíz de cálamo *(Acorus calamus)*. El jugo de granada roja, el de naranja y la raíz de espárrago también ayudan en este tipo de enfermedades. Estas sustancias se pueden tomar después de la sangría.

### PALIACIÓN

El proceso de paliación *(shamana)*, que se describe a continuación, es el tratamiento para eliminar toxinas más serias.

La paliación consiste en neutralizar las toxinas encendiendo el *agni* y estimulando la digestión a través del ayuno. Las toxinas también se pueden neutralizar a través del uso interno de hierbas calientes y picantes como el jengibre y la pimienta negra. El hambre y la sed, el ejercicio, los baños de sol y el aire fresco, son otros medios de neutralizar las toxinas.

# CAPÍTULO VIII
# Dieta

L a Ayurveda enseña que cada individuo tiene poder de curarse a sí mismo. Esta ciencia de la vida ofrece a todos la posibilidad de recobrar la salud por medio del entendimiento del cuerpo y sus necesidades. Para que el individuo se mantenga sano, son fundamentales la dieta y una rutina estable y sana. También son importantes las prácticas tradicionales como el yoga y ejercicios de respiración, es decir, el entendimiento de prácticas espirituales que puedan promover la armonía y la felicidad.

La dieta se debe escoger de acuerdo con la constitución individual. Si uno comprende cuál es su constitución y su relación con las cualidades de varios alimentos, entonces es posible seleccionar la dieta adecuada. Se debe tomar en cuenta el sabor de los alimentos (dulce, agrio, salado, picante, amargo y astringente), saber si son pesados o ligeros, si producen calor o frío, si son aceitosos o secos, líquidos o sólidos. También deben considerarse las estaciones del año al escoger la dieta.

La siguiente tabla provee una lista de alimentos que ayudan o perjudican a cada constitución. Las flechas hacia arriba que están sobre cada categoría de alimentos, indican que estas sustancias agravan la *dosha* correspondiente. Las flechas hacia abajo señalan los alimentos que disminuyen la *dosha,* siendo éstos los indicados para esta constitución particular. Por ejemplo, frutas secas, manzanas, melones, papas, jitomates, berenjenas, helados, carne de res, chícharos y ensalada verde agravan *vata* y por lo tanto, una persona de constitución *vata* no debe consumirlos en exceso. Por el contrario, las frutas dulces, aguacates, cocos, arroz integral, coles rojas, plátanos, uvas, cerezas y naranjas son benéficas para la gente de esta constitución.

Alimentos picantes, crema de cacahuate, frutas ácidas, plátanos, papayas, jitomates y ajo incrementan *pitta.* Alimentos que inhiben *pitta* son: mangos, naranjas dulces, peras, ciruelas, germinados, ensaladas verdes, espárragos y hongos. Plátanos, melones, cocos, dátiles, papayas, piñas y productos lácteos incrementan *kapha*. Pero frutas secas, granadas rojas, arándanos, arroz, germinados y pollo son benéficos para la gente de constitución *kapha*.

Durante el verano, cuando la temperatura aumenta, la gente tiende a sudar en exceso. *Pitta* predomina en esta época del año y no es recomendable comer alimentos picosos y condimentados pues agravan *pitta*. Durante el otoño, cuando el viento aumenta y es seco, hay más *vata* en la atmósfera. Durante esta estación se deben evitar las frutas secas, alimentos con alto contenido proteínico y otros que incrementen *vata*. El invierno es la estación de *kapha,* que trae frío y nieve. Durante este periodo no se debe tomar bebidas frías, ni helados, queso o yogur. Estos alimentos incrementarán *kapha*.

Cuando se considera la dieta, se debe tomar en cuenta la calidad y frescura de los alimentos. También hay ciertos productos que son incompatibles cuando se comen juntos: pescado y leche, carne y leche, yogur y res, frutas ácidas con leche. Los melones deben comerse solos, ya que en combinación con otros alimentos crean toxinas y no permiten la absorción en los intestinos, lo que puede causar un desequilibrio en la *tridosha*. Cuando se comen juntos, los alimentos incompatibles, se producen toxinas.

La ingestión de alimentos debe regularse según la condición del *agni,* el fuego digestivo del cuerpo. No se debe comer sin estar hambriento y no se debe beber a menos de que se tenga sed. No debe uno comer cuando está sediento ni beber cuando se está hambriento. Si uno tiene hambre, quiere decir que su fuego digestivo está "encendido". Si uno bebe en ese momento, el líquido disolverá las enzimas digestivas y el *agni* se reducirá.

Los alimentos son los que nutren el cuerpo, la mente y la conciencia. La forma de comer es muy importante. Mientras uno está comiendo, debe sentarse derecho y evitar distracciones tales como la televisión, la conversación y la lectura. Si se mastica con amor y compasión, el sabor de los alimentos será más intenso.

*Tabla 5*

## Guía de alimentos para tipos constitucionales básicos

| | VATA | | PITTA | | KAPHA | |
|---|---|---|---|---|---|---|
| | NO | SI | NO | SI | NO | SI |
| **FRUTAS** | Frutas secas manzanas peras melones granada roja | Frutas dulces aguacate plátanos fresas zarzamoras cerezas coco higo fresco toronjas uvas mangos melones naranjas papayas duraznos piña ciruelas guayabas mamey | Frutas ácidas cítricos chabacanos fresas zarzamoras cerezas plátanos uvas verdes papaya durazno piña ácida pérsimos ciruelas ácidas | Frutas dulces manzanas aguacates coco higos uvas rojas mango melón peras naranja dulce piña dulce ciruela dulce granada roja ciruela pasa pasitas chico-zapote chirimoya guanábana | Frutas dulces o ácidas aguacates plátanos coco higos frescos toronja limones melones naranjas papaya piña ciruela guanábana chirimoya mamey zapote negro chico-zapote tunas | Frutas secas manzanas chabacanos fresas zarzamoras cerezas higos secos mangos duraznos peras pérsimos granada roja ciruela pasa pasitas |
| **VEGETALES** | Verduras crudas brócoli col de bruselas col coliflor apio berenjena | Verduras cocidas espárragos betabel zanahoria pepino ajo | Verduras picantes betabel zanahoria berenjena ajo cebolla | Verduras dulces y amargas espárragos brócoli col de bruselas col pepino | Verduras dulces y jugosas pepinos camote jitomate calabacitas jícama | Verduras picantes y amargas espárragos betabel brócoli col de bruselas |

| | | | | | |
|---|---|---|---|---|---|
| hongos<br>cebolla cruda<br>chícharo<br>pimiento<br>papa blanca<br>jitomate<br>tomate<br>huauzontle<br>hojas verdes<br>lechuga<br>perejil<br>espinacas<br>germinados | ejotes<br>cebolla cocida<br>camote<br>rábano<br>calabacita<br>chayote | chiles<br>rábanos<br>espinacas<br>jitomate<br>flor de calabaza | coliflor<br>apio<br>ejotes<br>hongos<br>chícharo<br>pimiento<br>papas<br>calabacitas<br>chayotes<br>nopales<br>lechuga<br>perejil<br>germinados | chayote<br>nopal | col<br>zanahoria<br>coliflor<br>apio<br>berenjena<br>ajo<br>hongos<br>cebolla<br>perejil<br>chícharos<br>chiles<br>papas blancas<br>rábanos<br>espinacas<br>germinados<br>flor de calabaza<br>verdolagas<br>huauzontle<br>lechuga<br>berros<br>hojas verdes |
| **GRANOS**<br>cebada<br>trigo sarraceno<br>maíz<br>mijo<br>avena seca<br>centeno | avena cocida<br>arroz<br>trigo | trigo sarraceno<br>maíz<br>mijo<br>avena seca<br>arroz integral | cebada<br>avena cocida<br>arroz<br>trigo | avena cocida<br>arroz integral<br>trigo | cebada<br>maíz<br>mijo<br>avena seca<br>arroz blanco<br>centeno |
| **CARNES**<br>cordero<br>puerco<br>conejo<br>venado | pollo<br>pavo<br>(carne blanca)<br>huevos<br>(fritos o revueltos)<br>mariscos | res<br>yema de huevo<br>puerco<br>carnero<br>mariscos | pollo<br>pavo<br>(carne blanca)<br>clara de huevo<br>conejo<br>camarón<br>(en pequeñas cantidades)<br>venado | res<br>carnero<br>puerco<br>mariscos | pollo<br>pavo<br>(carne roja)<br>huevos<br>(ni fritos ni revueltos)<br>conejo<br>camarón<br>venado |

81

# Tabla 5, continúa

| | VATA | PITTA | KAPHA |
|---|---|---|---|
| LEGUMBRES | Ninguna excepto frijol mungo, queso de soya (tofu) y lentejas | Todas están bien excepto las lentejas | Todas están bien excepto frijoles, café, frijol de soya y frijol mungo |
| NUECES | Todas las nueces están bien en pequeñas cantidades | Ninguna nuez coco | ninguna nuez |
| SEMILLAS | Todas las semillas están bien en moderación | Ninguna semilla excepto girasol y pepitas de calabaza sin sal | Ninguna excepto la de girasol y pepitas de calabaza sin sal |
| ENDULZANTES | Todas están bién excepto azucar blanca | Todos están bien excepto melaza y miel | Ninguno excepto miel cruda |
| CONDIMENTOS | Todos están bien | Ninguno excepto cilantro, canela, cárdamo, hinojo, cúrcuma y pequeñas cantidades de pimienta negra | Todos están bien menos sal |

| | VATA | PITTA NO | PITTA SI | KAPHA |
|---|---|---|---|---|
| LÁCTEOS | Todos están bien con moderación | queso yogur crema agria | mantequilla sin sal queso cottage ghee leche | Ninguno excepto ghee y leche de cabra |
| ACEITES | Todos los aceites están bien | almendras maíz ajonjolí cártamo | coco olivo girasol soya | Ningún aceite excepto almendras, maíz, y girasol (en pequeñas cantidades) |

82

El sabor no se origina en la comida, sino en la experiencia del que come. Si su *agni* no es bueno, no saboreará la comida debidamente. El sabor de los alimentos depende de *agni*. Las especies ayudan a encender el *agni,* limpiar el cuerpo y a enriquecer el sabor de los alimentos. Cada bocado debe masticarse por lo menos treinta y dos veces antes de tragárselo. Esto permite que las enzimas de la boca hagan su trabajo adecuadamente y también da tiempo al estómago de prepararse para recibir el alimento masticado. Es importante comer a velocidad moderada. La cantidad de alimentos que se ingieren a la vez, también es importante. Un tercio del estómago se debe llenar de comida, otro tercio de agua y el otro de aire. La cantidad de alimento ingerido debe ser el equivalente a dos manos llenas. Si uno come en exceso, el estómago se expanderá y pedirá más comida. El estómago de un glotón se agrandará como un globo. Comer en exceso también produce toxinas adicionales en el sistema digestivo. La comida se convierte en veneno que el cuerpo debe eliminar con mucho esfuerzo. Uno debe comer y beber con disciplina y regularidad, pues comer es una forma de meditación. Hacerlo así nutrirá el cuerpo, la mente y la conciencia y también alargará la vida.

El agua juega un papel vital en el mantenimiento del equilibrio del cuerpo. Puede tomarse en forma de jugo de frutas. Aunque el jugo de frutas no debe tomarse durante las comidas, el agua es necesaria cuando se come. Uno debe tomar agua mientras come. El agua que se toma durante las comidas se convierte en el néctar que ayuda a la digestión. Si se toma agua después de la comida, los jugos gástricos se pueden diluir y se dificulta la digestión. El clima también afecta la cantidad de agua que el cuerpo requiere.

En caso de indigestión, se debe ayunar con agua tibia. Esto ayudará a limpiar y a incrementar el *agni*. El agua fría enfriará el *agni*. Como se puede notar, el agua helada es un veneno para nuestro sistema y el agua caliente, un néctar. La digestión se altera cuando se toma mucha agua. También ésta se puede retener y, por lo tanto, aumentar el peso.

## AYUNOS

Antes de ayunar se debe considerar la constitución individual. En occidente la gente a veces ayuna diez, quince, veinte o más días sin tener en cuenta su constitución. La falta de conocimientos sobre los requerimientos de cada constitución puede tener efectos muy perjudiciales. Una persona de constitución *vata* no debe ayunar más de tres días. La falta de alimentos aumenta la ligereza del cuerpo y *vata* también es ligero. Si el ayuno se continúa por mucho tiempo, el elemento *vata* se desequilibrará y este desequilibrio creará miedo, ansiedad, nerviosismo y debilidad. La misma restricción de tiempo se mantiene para individuos de constitución *pitta*. Un ayuno de más de cuatro días agravará *pitta*, incrementando el elemento fuego del cuerpo. El aumento de *pitta* causará reacciones psicosomáticas de ira, enojo, odio y mareo. Sin embargo, las personas de constitución *kapha* pueden hacer ayunos largos. Sentirán una agradable sensación de que su ligereza aumenta; estarán más abiertos al mundo que los rodea y más alertas. Su claridad y comprensión aumentarán igualmente.

Es importante recordar que si se ayuna con jugo de frutas, el jugo de uvas es bueno para la constitución *vata,* el jugo de granada roja para los *pitta* y el de manzana para los *kapha*. Se debe tomar litro y medio de jugo diluido con agua, por cada día de ayuno.

Durante el ayuno descansará el sistema digestivo. Es importante no forzar el *agni,* el fuego digestivo, en este periodo. Durante el ayuno se enciende el fuego digestivo y como no hay alimento que digerir, el *agni* quemará lentamente las toxinas en los intestinos.

La Ayurveda dice que durante el ayuno se debe utilizar ciertas hierbas como jengibre, pimienta de cayena y curry debido a su valor medicinal y a sus propiedades calientes y picantes para neutralizar las toxinas del sistema. Si estas hierbas se toman en infusión, ayudarán a encender el *agni,* que quemará las toxinas. Durante el ayuno, se deben observar la fuerza física y el vigor. Si éstos disminuyen notablemente, el ayuno debe romperse.

**8 4**

Se recomienda ayunar cuando hay fiebre, resfriados, estreñimiento, dolor artrítico, o si hay toxinas en el intestino grueso. Un individuo normal y sano debería ayunar con agua tibia (de uno o dos litros diarios) por lo menos un día a la semana. Esta costumbre permite que el sistema digestivo descanse.

## VITAMINAS

En occidente, se toman vitaminas para prevenir y mejorar la salud. Los médicos y profesionales de la salud prescriben a sus pacientes dosis diarias de vitaminas. Comúnmente recetan grandes cantidades de vitamina C para prevenir resfriados. Sin embargo, si no se considera la constitución del paciente, tales dosis de vitaminas pueden crear desequilibrios en las *doshas*. El cuerpo humano tiene la capacidad de generar las vitaminas que necesita siempre y cuando se encuentre en un estado normal de salud y tenga una alimentación adecuada. La dependencia de vitaminas externas sin antes haber considerado la constitución individual y la condición *agni,* puede crear exceso de vitaminas en el cuerpo (hipervitaminosis).

Mucha gente que toma regularmente vitaminas y minerales para complementar su dieta, sigue sufriendo las mismas deficiencias, debido a su incapacidad para asimilarlas.

# CAPÍTULO IX
## Gusto

El elemento agua es la base de la experiencia sensorial del gusto. La lengua debe estar húmeda para saborear una sustancia. Si se hace el experimento de sacar la lengua y después poner en ella un poco de azúcar o pimienta, se notará que no puede percibir su sabor.

Existen seis sabores: dulce, agrio, salado, picante, amargo y astringente. Estos sabores básicos se derivan de los cinco elementos. El sabor dulce contiene los elementos tierra y agua; el agrio, tierra y fuego; el salado, agua y fuego; el picante, fuego y aire; el sabor amargo, aire y éter y el astringente, tierra y aire.

Las personas de constitución *vata* deben evitar el exceso de sustancias amargas, picantes y astringentes, pues éstas incrementan el aire y tienden a producir gas. Las sustancias de sabores dulces, salados o agrios son buenas para individuos de esta constitución.

Las personas de constitución *pitta* deben evitar sustancias agrias, saladas y picantes que agravan el fuego biológico. Los sabores dulces, amargos y astringentes son benéficos para ellos.

Los individuos *kapha* no deben tomar alimentos dulces, agrios, ni salados, pues incrementan el agua del cuerpo. Deben escoger alimentos picantes, amargos y astringentes.

### RASA, VIRYA Y VIPAK

La farmacología ayurvédica se basa en los conceptos de *rasa, virya* y *vipak*. Estos conceptos están relacionados con los fenómenos sutiles del sabor y con los efectos fríos o calientes de los alimentos. Las sustancias orgánicas e inorgánicas crean diferentes sabores y sensaciones de temperatura cuando pasan a través de la boca, estómago e intestino grueso y delgado.

Cuando una sustancia se pone en la lengua, la primera experiencia de sabor se llama *rasa*. Cuando una sustancia se traga y entra en el estómago, la experiencia fría o caliente que se siente inmediatamente o más tarde, se llama *virya*.

La sensación o acción de *virya* tiene que ver con las propiedades frías o calientes de las sustancias. Los alimentos también tienen un efecto post-digestivo llamado *vipak*. Por ejemplo la mayoría de los alimentos que contienen almidón, se vuelven dulces después de la masticación y digestión. Por lo tanto su sabor post-digestivo, o *vipak*, es dulce. La farmacología ayurvédica se basa en la *rasa, virya, vipak* de las sustancias. Según la absorción, se encuentran sustancias que tienen una acción espécifica e inexplicable en el cuerpo. Para reconocer esta acción, *Charak* usó el término *prabhav* y que literalmente quiere decir: acción específica sin tomar en cuenta *rasa, virya* y *vipak*, o sea, la excepción de la regla. El concepto de *rasa, virya* y *vipak* no sólo se aplica a los alimentos y hierbas, sino que también a cualquier cosa, incluyendo gemas, piedras, minerales, metales, colores e inclusive la mente y emociones. Más abajo hay una tabla que muestra las reglas generales para determinar *rasa, virya* y *vipak*. También un ejemplo de *prabhav*, o una excepción para cada sabor.

| Rasa | Virya | Vipak | Prabhav |
|------|-------|-------|---------|
| Dulce | Frío | Dulce | Miel (caliente) *virya* |
| Agrio | Caliente | Agrio | Limón (frío) *virya* |
| Salado | Caliente | Dulce | Tamari (frío) *virya* |
| Picante | Caliente | Picante | Cebolla (fría) *virya* |
| Amargo | Frío | Picante | Cúrcuma (caliente) *virya* |
| Astringente | Frío | Picante | Granada roja (dulce) *vipak* |

Como se puede apreciar, los sabores dulces y salados tienen *vipak* dulce; el sabor agrio tiene *vipak* agrio y el sabor picante, amargo y astringerte, tienen *vipak* picante. *Rasa* y *vipak* están directamente relacionados con los sabores de las sustancias, mientras *virya* se relaciona con los efectos fríos o calientes. Estas tres cualidades influyen directamente en la *tridosha*, en la nutrición y transformación de los tejidos biológicos o *dhatus*. Estas cualidades sólo se pueden entender a través de la experiencia individual. Las siguientes tablas sirven de guía para ayudar al lector a entender *rasa, virya* y *vipak*, sus propiedades y sus acciones.

## Tabla 6
### Sabores y sus acciones

| SABOR | PROPIEDAD | EJEMPLO | ACCIONES | DESÓRDENES |
|---|---|---|---|---|
| Dulce *(tierra y agua)* | Frío | Trigo, arroz, leche, dulces, azúcar, dátiles, orozuz, trébol rojo, yerbabuena, olmo. | Anabólico, disminuye *vata* y *pitta*, aumenta *kapha*, da la forma al cuerpo, incrementa *ojas, rasa* y agua. Da fortaleza, alivia la sed. Da una sensación de ardor. Es nutre y calma el cuerpo. Es frío. | Incrementa la obesidad, provoca un sueño excesivo, pesadez, letargia, falta de apetito, diabetes y crecimiento anormal de los músculos. |
| Agrio *(tierra y fuego)* | Caliente | yogur, queso, uvas verdes, limón, jamaica, tamarindo. | Anabólico, decrementa *vata*, aumenta *pitta y kapha* aumenta el sabor de los alimentos, estimula el apetito y agudiza la mente, fortalece los órganos de los sentidos, provoca secreciones y salivación. Es ligero, caliente y untuoso. | Ocasiona sed, sensibiliza los dientes, cierra los ojos, licua a *kapha*, intoxica la sangre, provoca edema, úlceras, ardor y acidez. |
| Salado *(agua y fuego)* | Caliente | Sal de mar, sal de roca, kelp | Anabólico, disminuye a *vata*, incrementa *pitta y kapha*. Ayuda a la digestión. Antiespasmódico, laxante, provoca salivación, nulifica los otros sabores, retiene el agua. Pesada, untuosa, caliente. | Provoca desequilibrios en la sangre, desmayos, calienta el cuerpo, causa enfermedades de la piel, inflamaciones, desórdenes de la sangre, úlceras pépticas, urticaria, granos e hipertensión. |

| | | | | |
|---|---|---|---|---|
| Picante<br>*(fuego y aire)* | Caliente | Cebolla, rábano, chile, jengibre, ajo, asafétida, pimienta de cayena. | Catabólico, disminuye *kapha* e incrementa *pitta* y *vata*. Mantiene la boca limpia, promueve la digestión y absorción de los alimentos. Purifica la sangre, cura enfermedades de la piel, ayuda a eliminar coágulos, limpia el cuerpo. Es ligero, caliente y untuoso. | Incrementa el calor, el sudor, los desmayos; crea ardor en la garganta, estómago y corazón. Puede producir úlceras pépticas, mareos y pérdida de conciencia. |
| Amargo<br>*(aire y éter)* | Frío | Raíz de diente de león, cardo sagrado, ruibarbo, raíz fresca de cúrcuma, fenugreco, raíz de genciana, chaparro amargoso. | Catabólico, Disminuye *pitta* y *kapha*, aumenta *vata*. Promueve el gusto de otros sabores. Es antitóxico y germicida. Es un antídoto para los desmayos, picor y ardor en el cuerpo. Es ligero y frío. | Incrementa la aspereza, emaciación, sequedad, reduce la médula y el semen. Puede provocar mareos y pérdida eventual de la conciencia. |
| Astringente<br>*(aire y tierra)* | Frío | Plátano inmaduro, granada roja, mirra, cúrcuma, alumbre. | Catabólico, Disminuye *pitta* y *kapha*, incrementa *vata*. Es sedante, pero estriñe. Constriñe los vasos sanguíneos, coagula la sangre. Es seco, áspero y frío. | Incrementa la resequedad de la boca, la distensión, estreñimiento, obstruye el habla. Demasiado sabor astringente puede afectar adversamente el corazón. |

89

## Tabla 7
## Propiedades y acciones de *Rasa*, *Virya*, *Vipak*

| SUSTANCIA | SABOR | CALIENTE O FRÍO | EFECTO POST-DIGESTIVO | PROPIEDADES Y ACCIÓN SOBRE LA TRI-DOSHA |
|---|---|---|---|---|
| **Carne** | | | | |
| Res | Dulce | Caliente | Dulce | Pesado, grueso, incrementa *kapha y pitta*; reduce *vata*. |
| Pollo | Dulce y astringente | Caliente | Picante | Ligero, aceitoso, fortalece, moderadamente bien para *vata*, *pitta y kapha*. |
| Pescado (en general) | Dulce | Caliente | Dulce | Pesado, aceitoso, suave, promueve el calor. Incrementa *pitta y kapha*; disminuye *vata*. |
| Cordero | Dulce y astringente | Caliente | Dulce | Pesado, fortalece, incrementa *vata*, *pitta y kapha*. |
| Puerco | Dulce y astringente | Caliente | Dulce | Pesado, aceitoso, suave, apetitoso, promueve la transpiración. Incrementa *vata*, *pitta y kapha*. |
| Conejo | Dulce y astringente | Frío | Picante | Ligero, seco, áspero, incrementa *vata*, disminuye *pitta y kapha*. |
| **Lácteos** | | | | |
| Mantequilla | Dulce y astringente | Frío | Dulce | Aceitosa, suave, reduce hemorroides, promueve la absorción intestinal. Incrementa *kapha*, reduce *vata y pitta*. |
| Queso (sin sal) | Dulce y agrio | Frío | Dulce | Pesado, suave, incrementa *pitta y kapha*. Disminuye *vata*. |

| | | | | |
|---|---|---|---|---|
| Leche de vaca | Dulce | Frío | Dulce | Ligera, aceitosa, suave. Incrementa *kapha*, disminuye *vata* y *pitta*. |
| Huevo | Dulce y astringente | Caliente | Picante | Aceitoso, suave, pesado. Incrementa *pitta* y *kapha*, disminuye *vata*. |
| Ghee | Dulce | frío | Dulce | Ligero, aceitoso, suave. Si se toma con exceso incrementa *kapha*, con moderación, buena para *vata, pitta* y *kapha*. |
| Leche de cabra | Dulce y astringente | Fría | Dulce | Ligera, alivia la tos, fiebre, diarrea. Incrementa *vata*, disminuye *kapha* y *pitta*. |
| Leche materna | Dulce | Fría | Dulce | Ligera, aceitosa, suave, aumenta ojas. Equilibra a *vata, pitta* y *kapha*. |
| Yogur | Agrio y astringente | Caliente | Agrio | Suave, aceitoso, bueno para la digestión, diarrea, orina dolorosa. Incrementa *pitta* y *kapha*, disminuye *vata*. |

**Aceites**

| | | | | |
|---|---|---|---|---|
| Ricino | Dulce y amargo | Caliente | Picante· | Pesado, agudo, aceitoso, alivia la fiebre reumática y estreñimiento. Incrementa *pitta* y *kapha*, disminuye *vata*. |
| Coco | Dulce | Frío | Dulce | Relativamente ligero, aceitoso, suave, incrementa *kapha*, disminuye *vata* y *pitta*. |
| Maíz | Dulce | Caliente | Dulce | Relativamente ligero, aceitoso, suave. Incrementa *pitta*, moderadamente bien para *vata* y *kapha*. |

*Tabla 7, continuación*

| SUSTANCIA | SABOR | CALIENTE O FRíO | EFECTO POST-DIGESTIVO | PROPIEDADES Y ACCIÓN SOBRE LA TRI-DOSHA |
|---|---|---|---|---|
| **Aceites** | | | | |
| Aceite (en general) | Dulce | Caliente | Dulce | Pesado, aceitoso, suave, fortalece. Incrementa *pitta* y *kapha*, disminuye *vata*. |
| Cártamo | Dulce y picante | Caliente | Picante | Relativamente ligero, agudo, aceitoso, irritante en exceso. Incrementa *pitta* y disminuye *vata* y *pitta*. |
| Girasol | Dulce | Frío | Dulce | Ligero, aceitoso, suave, fortalece, bueno para *vata*, *pitta* y *kapha*. |
| Mostaza blanca | Picante | Caliente | Picante | Ligero, agudo, aceitoso, alivia la artritis, esguinces musculares cuando se aplica externamente con aceite de ricino. Incrementa *pitta*, disminuye *vata* y *kapha*. |
| Ajonjolí | Dulce, amargo y astringente | Caliente | Dulce | Ligero, aceitoso, suave. Incrementa *pitta*, disminuye *vata*. Moderadamente bien para *kapha*. |
| **Endulzantes** Miel | Dulce y astringente | Caliente | Dulce | Seca, áspera, pesada, alivia las mucosidades. Ligeramente picante. Incrementa *pitta*, disminuye *vata* y *kapha*. |
| Miel de maple | Dulce y amarga | Fría | Dulce | Suave, untuosa, puede incrementar *kapha*, si se toma en exceso, disminuye *vata* y *pitta*. |

| | | | | |
|---|---|---|---|---|
| Azúcar sin refinar | Dulce | Fría | Dulce | Pesada, suave, aceitosa. Incrementa la grasa y *kapha*. Disminuye *vata* y *pitta*. |
| **Legumbres**<br>Lenteja negra | Dulce | Caliente | Dulce | Fortalece, incrementa *pitta* y *kapha*, disminuye *vata*. |
| Garbanzos | Dulce y astringente | Frío | Dulce | Pesados, secos, ásperos, muy deshidratados, producen gas. Incrementa *vata*, disminuye *pitta* y *kapha*. |
| Frijol café | Dulce y astringente | Frío | Picante | Seco, áspero, pesado, laxante. Incrementa *vata* y *kapha*, disminuye *pitta*. |
| Lentejas (general) | Dulce | Frío | Dulce | Secas, ásperas, pesadas, deshidratantes, deben tomarse en pequeñas cantidades. Incrementa *kapha*, disminuye *pitta* y *vata*. |
| Frijol mungo | Dulce y astringente | Frío | Dulce | Ligero, suave, incrementa *kapha*, disminuye *vata* y *pitta*. |
| Lenteja roja | Dulce y astringente | Caliente | Dulce | Fácil de digerir, incrementa *pitta*, disminuye *vata* y *kapha*. |
| Frijol de soya | Dulce y astringente | Frío | Dulce | Pesado, aceitoso, suave, laxante. Incrementa *vata* y *kapha*, disminuye *pitta*. Tofu está bien para *vata* y *pitta*. Moderadamente bien para *kapha*. |

## Tabla 7, continuación

| SUSTANCIA | SABOR | CALIENTE O FRÍO | EFECTO POST-DIGESTIVO | PROPIEDADES Y ACCIÓN SOBRE LA TRI-DOSHA |
|---|---|---|---|---|
| **Verduras** | | | | |
| Betabel | Dulce | Caliente | Dulce | Pesado, suave, alivia la anemia. Puede incrementar *pitta y kapha* cuando se toma en exceso. Disminuye *vata*. |
| Brócoli | Dulce y astringente | Frío | Picante | Áspero, seco, incrementa vata, disminuye *pitta y kapha*. |
| Col | Dulce y astringente | Fría | Picante | Áspera, seca, incrementa *vata*, disminuye *pitta y kapha*. |
| Zanahoria | Dulce amargo y astringente | Fría | Picante | Pesada, reduce las hemorroides. Si se toma en exceso incrementa *pitta*, reduce a *vata y kapha*. |
| Coliflor | Astringente | Fría | Picante | Seca, áspera, incrementa *vata*, disminuye *pitta y kapha*. |
| Apio | Astringente | Frío | Picante | Áspero, seco, ligero, ligero para digerir, promueve el gas. Incrementa *vata* y reduce *pitta y kapha*. |
| Pepino | Dulce y astringente | Frío | Dulce | Pesado, incrementa *kapha*, disminuye *vata y pitta*. |

| | | | | |
|---|---|---|---|---|
| Lechuga | Astringente | Fría | Picante | Ligera, áspera, acuosa, fácil de digerir, crea ligereza en el cuerpo. Causa gas si se toma en exceso. Incrementa *vata*, disminuye *pitta* y *kapha*. |
| Okra | Dulce y astringente | Fría | Picante | Áspera, viscosa, buena para *vata*, *pitta* y *kapha*. |
| Cebolla | Picante | Caliente | Picante | Pesada, estimula el deseo sexual, aperitivo, fortalece, alivia la fiebre si se aplica externamente. Incrementa *vata* y *pitta*, disminuye *kapha*. |
| Papa blanca | Dulce,salada y astringente | Fría | Dulce | Seca, áspera, ligera, incrementa *vata*, disminuye *pitta* y *kapha*. |
| Rábano | Picante | Caliente | Picante | Alivia el gas, promueve la digestión, puede incrementar *pitta*, disminuye *vata* y *kapha*. |
| Espinaca | Astringente | Fría | Picante | Áspera, seca, incrementa *vata* y *pitta*, disminuye *kapha*. |
| Germinado (general) | Ligeramente astringente | Frío | Dulce | Ligero para digerir, pueden agravar *vata* si se toman en exceso. Buenos para *pitta* y *kapha*. |
| Jitomate | Dulce y agrio | Caliente | Agrio | Ligero, húmedo, incrementa *vata*, *pitta* y *kapha*. |
| Calabacita | Dulce y astringente | Fría | Picante | Húmeda, ligera, puede incrementar *kapha*, buena para *pitta* y *vata*. |

*Tabla 7, Continuación*

| SUSTANCIA | SABOR | CALIENTE O FRÍO | EFECTO POST-DIGESTIVO | PROPIEDADES Y ACCIÓN SOBRE LA TRI-DOSHA |
|---|---|---|---|---|
| **Frutas** | | | | |
| Manzana | Dulce y astringente | Fría | Dulce | Ligera, áspera, incrementa *vata*, disminuye *pitta*, buena para *kapha* en pequeñas cantidades. |
| Plátano | Astringente, dulce | Frío | Agrio | Suave, pesado, laxante si se toma en exceso. Incrementa *pitta* y *kapha*, disminuye *vata*. |
| Coco | Dulce | Frío | Dulce | Aceitoso, suave, fortalece. Si se toma en exceso incrementa *kapha*, disminuye *vata* y *pitta*. |
| Higos | Astringente, dulce | Frío | Dulce | Pesados, nutritivos, entorpecen la digestión, incrementa *kapha*, alivia *vata* y *pitta*. |
| Uvas moradas | Astringente, dulce y agria | Fría | Dulce | Suaves, acuosos, fortalecen, laxantes, incrementan *kapha*, disminuyen *vata* y *pitta*. |
| Melones (en general) | Dulce | Frío | Dulce | Pesado, acuoso, incrementa *kapha*, alivia *vata* y *pitta*. |
| Naranjas | Dulce y agrio | Caliente | Dulce | Pesado, aperitivo, difícil de digerir, incrementa *pitta* y *kapha*, disminuye *vata*. |
| Duraznos | Astringente, dulce | Caliente | Dulce | Pesado, acuoso, incrementa *pitta* y *kapha*, disminuye *vata*. |

| | | | | |
|---|---|---|---|---|
| Peras | Astringente, dulce | Fría | Dulce | Pesada, seca, áspera, incrementa *vata* y disminuye *pitta* y *kapha*. |
| Ciruelas dulces | Dulces y astringentes | Caliente | Dulce | Pesadas, acuosas, incrementan *pitta* y *kapha*, disminuyen *vata*. |
| Granada roja | Dulces, agria y astringentes | Fría | Dulce | Suaves, aceitosas, estimulan la digestión, ayudan a la formación de hemoglobina en casos de anemia. Incrementa *vata* y disminuye *pitta* y *kapha*. |
| **Hierbas y especies** | | | | |
| Semillas de anís | Picantes | Calientes | Picantes | Ligeras, promueven la digestión, desintoxican, incrementan *pitta*, disminuyen *kapha* y *vata*. |
| Pimienta negra | Picante | Caliente | Picante | Ligera, seca, áspera, promueve la digestión. Incrementa *pitta*, estimula a *vata*, alivia a *kapha*. |
| Cardamomo | Dulce y picante | Caliente | Dulce | Promueve la digestión, bueno para el corazón, ayuda a mejorar el aliento. Puede estimular a *pitta* si se toma en exceso, alivia *vata* y *kapha*. |
| Semillas de apio | Picante | Caliente | Picante | Ligera, ayuda a aliviar las náuseas. Incrementa *pitta*, disminuye *vata* y *kapha*. |
| Canela | Picante, dulce y amarga | Caliente | Dulce | Alivia la sed, estimula la salivación, ayuda en la resequedad de la boca. Estimula a *kapha*, disminuye *vata* y *pitta*. |

## Tabla 7, continuación

| SUSTANCIA | SABOR | CALIENTE O FRÍO | EFECTO POST-DIGESTIVO | PROPIEDADES Y ACCIÓN SOBRE LA TRI-DOSHA |
|---|---|---|---|---|
| Clavo | Picante | Caliente | Picante | Promueve la digestión, mejora el sabor de los alimentos. Incrementa *pitta* y disminuye *vata* y *kapha*. |
| Semilla de cilantro | Picante y astringente | Fría | Dulce | Aceitosa, suave, ligera, ayuda en el ardor al orinar. Ayuda a la absorción. Incrementa *vata* y *kapha*, disminuye *pitta*. |
| Comino | Picante | Caliente | Picante | Ligero, aceitoso, suave, promueve la digestión, alivia la diarrea. Estimula *pitta* y disminuye *vata* y *kapha*. |
| Fenugreco (semilla) | Amargo y astringente | Caliente | Picante | Seco, ayuda en la fiebre y artritis. Incrementa *vata* y *pitta*, disminuye *kapha*. |
| Ajo | Picante | Caliente | Picante | Aceitoso, suave, pesado, anti-reumático, bueno para la tos y las lombrices. Incrementa *pitta*, disminuye *vata* y *kapha*. |
| Jengibre | Picante | Caliente | Dulce | Ligero, seco,áspero. Promueve la digestión. Agente desintoxicante. Incrementa *pitta*, si se toma en exceso. Libera *vata* y *kapha*. |
| Ajonjolí (semillas) | Amargas, dulces y astringentes | Caliente | Dulce | Pesadas, aceitosas, suaves, fortalecen. Incrementa *pitta* y *kapha* y disminuye *vata*. |

| | | | | |
|---|---|---|---|---|
| Azafrán | Dulce | Frío | Dulce | Suave, alivia las hemorroides, reduce el vómito, ayuda a parar la hemoptisis, incrementa *vata* y *kapha*, disminuye *pitta*. |
| Cúrcuma | Amargo, picante y asrtringente | Caliente | Picante | Ayuda en la diabetes, promueve la digestión. Incrementa *vata* y *pitta* si se toma en exceso, disminuye *kapha*. |
| Jengibre (polvo) | Picante | Caliente | Dulce | Ligero, seco, áspero, promueve la digestión, desintoxica, incrementa *pitta*, tomado en exceso disminuye *vata* y *kapha*. |
| Sal (general) | Salada | Caliente | Dulce | Pesado, aceitoso, suave, promueve la digestión, provoca retención de agua e hipertensión. Incrementa *pitta* y *kapha*, disminuye *vata*. |
| Semillas de mostaza | Picante | Caliente | Picante | Aceitosa, ligera, aguda, alivia el dolor muscular, incrementa *pitta*, disminuye *vata* y *kapha*. |
| **Granos**<br>Arroz integral | Dulce | Caliente | Dulce | Pesado, incrementa *pitta* y *kapha*, dismi-nuye *vata*. |
| Arroz | Dulce | Frío | Dulce | Ligero, suave, blando, nutritivo, decre-menta *vata* y *pitta*, bien para *kapha* en pequeñas cantidades. |
| Arroz blanco | Dulce | Frío | Dulce | Ligero, suave, blando, poco valor nutriti-vo, bien para *kapha* en pequeñas canti-dades, reduce *vata* y *pitta*. |

## Tabla 7, continuación

| SUSTANCIA | SABOR | CALIENTE O FRÍO | EFECTO POST-DIGESTIVO | PROPIEDADES Y ACCIÓN SOBRE LA TRI-DOSHA |
|---|---|---|---|---|
| Avena | Dulce | Caliente | Dulce | Pesada. Avena seca incrementa *vata* y *pitta*, reduce *kapha*. Avena cocida incrementa *kapha*, reduce *vata* y *pitta*. |
| Cebada | Dulce | Fría | Dulce | Ligera, diurética, incrementa *vata*, disminuye *pitta* y *kapha*. |
| Centeno | Dulce y astringente | Caliente | Astringente | Ligero, incrementa *vata* y *pitta*, disminuye *kapha*. |
| Maíz amarillo | Dulce | Caliente | Dulce | Ligero, incrementa *vata* y *pitta*, reduce *kapha*. |
| Mijo | Dulce | Caliente | Dulce | Ligero, seco, incrementa *vata* y *pitta*, disminuye *kapha*. |
| Trigo | Dulce | Frío | Dulce | Pesado, incrementa *kapha*, disminuye *vata* y *pitta*. |
| Trigo sarraceno | Dulce y astringente | Caliente | Dulce | Pesado. Incrementa *vata* y *pitta*, disminuye *kapha*. |
| **Nueces y semillas** | | | | |
| Almendra | Dulce | Caliente | Dulce | Pesada, aceitosa, incrementa *pitta* y *kapha*, disminuye *vata*. Da energía, rejuvenece, es afrodisiaca. |

| | | | | |
|---|---|---|---|---|
| Cacahuate | Dulce y astringente | Caliente | Dulce | Pesado, aceitoso. Incrementa *pitta* y *kapha*, bueno para *vata* con moderación. |
| Calabaza | Dulce, amarga y astringente | Caliente | Picante | Pesadas, secas, mata a las lombrices y parásitos, incrementa *pitta* y *kapha*, disminuye *vata*. |
| Girasol | Dulce y astringente | Caliente | Dulce | Pesada, aceitosa, incrementa ligeramente a *pitta* y *kapha*, reduce *vata*. |
| Nuez de castilla | Dulce | Caliente | Dulce | Pesada, seca, incrementa *pitta* y *kapha*, disminuye *vata*. |
| Nuez de la India | Dulce | Caliente | Dulce | Pesada, aceitosa, incrementa *pitta* y *kapha*, disminuye *vata*. Afrodisiaca. |

Nota: Los alimentos tienen un efecto a largo plazo sobre la *tri-dosha* (ver tabla 5), mientras que las propiedades y acciones de *rasa, virya y vipak*, tienen un efecto a corto plazo sobre ella.

# CAPÍTULO X
# Estilo de vida y rutina

De acuerdo con la Ayurveda, la rutina juega un papel muy importante en la salud. Una vida natural es una vida que se conduce de acuerdo con la constitución individual. Es mejor seguir un régimen diario que gobierne todas las acciones cotidianas, como la hora en que uno se levanta en la mañana, la hora en que uno empieza a purificar el cuerpo y a meditar.

Hay que levantarse temprano, de preferencia antes de la salida del sol, excretar los productos de desecho, lavarse dientes y boca. Después, uno debe examinarse la lengua, ojos, nariz, garganta y lavarlos. A través del examen de la lengua se puede detectar cambios patológicos que podrían estar ocurriendo en los órganos respectivos. Después de esta revisión, se debe beber un vaso de agua tibia para ayudar a lavar los riñones e intestino grueso. Para lavar la lengua use un "raspador" de plata. Este proceso servirá para masajear la lengua, al igual que los órganos internos que se relacionan con sus diferentes áreas. Más tarde se deberá dar masaje al cuerpo con aceite y tomar un baño. Esto producirá una sensación de frescura y de alerta. Seguidamente hay que ponerse cómodo para el ejercicio y la meditación. Los ejercicios de respiración también son importantes en el régimen diario. Después del ejercicio hay que descansar cómodamente sobre la espalda, con los brazos y piernas estirados y respirar desde el bajo abdomen.

Conviene desayunar después del ejercicio y la meditación. Hay que almorzar antes del mediodia si es posible, y cenar antes de que se ponga el sol. Es mejor acostarse antes de las diez de la noche.

El régimen anterior sigue el flujo de energía del cuerpo y del medio ambiente. Es necesario estar constantemente alerta a este flujo para poder obtener el máximo beneficio de la rutina diaria.

Se pueden añadir otras prácticas dependiendo de la constitución individual. Por ejemplo, se sugiere un masaje por la tarde, con aceite, para personas de constitución *vata*.

Se recomiendan ciertos hábitos para dormir. Debido a que el lado izquierdo de una persona contiene energía femenina o lunar, y el lado derecho energía solar o masculina, la posición en que uno duerme y respira tiene un efecto importante en la constitución y el equilibrio de energías en el cuerpo. Si uno duerme siempre sobre el lado izquierdo, se suprimirá la energía lunar y se agravará la solar. El aumento de la energía solar puede crear *pitta* en el cuerpo. Así que una persona de constitución *pitta* debe dormir sobre su lado derecho. Cuando uno duerme sobre su lado izquierdo, la energía lunar se suprime y se abre la solar. Esta posición se recomienda para los tipos *vata* y *kapha*.

## Sugerencias para una vida sana y creativa

### Rutina
- Despertarse antes del amanecer.
- Evacuar los intestinos y vejiga después de levantarse.
- Bañarse diariamente.
- Hacer doce *pranayamas* en la mañana o noche para refrescar la mente y el cuerpo.
- No desayunar después de las 8 A.M.
- Lavarse las manos antes y después de comer.
- Cepillarse los dientes después de cada comida.
- Caminar 15 minutos depués de cada comida.
- Comer en silencio y en plena conciencia de lo que se está haciendo.
- Comer despacio.
- Masajear las encías con los dedos y aceite de ajonjolí.
- Ayunar un día a la semana para ayudar a reducir las toxinas del cuerpo.
- Dormirse antes de las 10 P.M.

## Dieta y digestión
- Una cucharada de jengibre fresco rayado con una pizca de sal, funciona como aperitivo.
- Tomar lassi (Ver el apéndice C) con una pizca de jengibre o polvo de comino para ayudar a la digestión.

- Una cucharadita de *ghee* con arroz ayuda a la digestión.
- Un vaso de leche cruda y tibia con jengibre tomado antes de acostarse, es nutritivo para el cuerpo y calma la mente.
- No es sano comer en exceso.
- Tomar agua inmediatamente antes o después de comer, afecta negativamente la digestión.
- Los ayunos muy prolongados no son sanos.
- El consumo excesivo de agua puede producir obesidad.
- El consumo excesivo de bebidas frías reduce la resistencia física y crea mucosidades.
- Es aconsejable guardar agua en un recipiente de cobre o poner monedas de cobre en cualquier otro recipiente con agua. Esta agua es buena para el hígado y el bazo.
- Dormir la siesta después de la comida incrementará *kapha* y el peso.

### Higiene física
- Para mejorar la vista mire diariamente los rayos del sol al amanecer durante cinco minutos.
- También hay que mirar una flama fijamente, mañana y tarde, durante diez minutos.
- No se deben reprimir las necesidades naturales del cuerpo. (defecación, micción, tos, estornudos, bostezos, eruptos y gases).
- En caso de fiebre, es recomendable hacer un ayuno de infusión de jengibre.
- Para tener un sueño profundo y tranquilo hay que frotarse la planta de los pies con aceite de ajonjolí antes de acostarse.
- La aplicación de aceite en la cabeza calma la mente e induce al sueño profundo.
- Un masaje con aceite promueve la circulación y aminora el exceso de *vata*.
- No se debe dormir boca abajo.
- Leer en la cama puede perjudicar la vista.
- El mal aliento es signo de estreñimiento, digestión deficiente, una boca poco higiénica y toxinas en el intestino grueso.
- El mal olor del cuerpo es signo de que hay toxinas en el sistema.

**104**

- Tenderse boca arriba durante quince minutos *(Hshavasan)* calma la mente y relaja el cuerpo.
- Se debe secar el pelo inmediatamente después de lavarlo para evitar problemas de sinusitis.
- Sonarse la nariz forzadamente puede lastimar oídos, ojos y nariz.
- Rascarse continuamente la nariz o el ano puede ser signo de lombrices en los intestinos o estómago.
- Las uñas largas son poco higiénicas.
- Tronarse las articulaciones puede ser perjudicial (desequilibra *vata* )
- Masturbarse excesivamente, puede ser dañino para la salud (desequilibra *vata* ).

### Relaciones sexuales
- Es dañino tener relaciones sexuales durante la menstruación (también desequilibra a *vata* ).
- Después de tener relaciones se debe tomar leche caliente con nueces de la India y azúcar sin refinar, para promover
- la fortaleza y energía sexual.
- Ni el sexo oral ni el anal son higiénicos (causan desequilibrios a *vata* ).
- Tener relaciones sexuales después de comer es dañino para el cuerpo.
- Durante la menstruación hay que evitar hacer ejercicios físicos, yoga o correr.

### Higiene mental
- El miedo y el nerviosismo disipan la energía y agravan *vata.*
- La posesividad, la avaricia y el apego agravan *kapha.*
- Las preocupaciones debilitan el corazón.
- El odio y la ira crean toxinas en el cuerpo y agravan *pitta.*
- Hablar en exceso disipa la energía y agrava *vata.*

❄

# CAPÍTULO XI
# El tiempo

El tiempo, como la materia, se puede medir. La sustancia del tiempo se mueve y existen unidades para medir esos movimientos: segundos, minutos, horas, días, semanas, meses y años. El día se divide en: mañana, tarde, noche, medianoche y amanecer; el año también se divide en estaciones.

Como el tiempo, los humores del cuerpo también están en movimiento constante. Definitivamente existe una relación entre el movimiento de la *tridosha* y el movimiento o paso del tiempo. El incremento o disminución de estos tres humores en el cuerpo está relacionado con los ciclos del tiempo. La mañana, desde el amanecer hasta las diez, es tiempo de *kapha*. Por el predominio de *kapha* a estas horas, uno se siente con energía y frescura, pero también un poco pesado. A media mañana, *kapha* poco a poco se convierte en *pitta*. De las diez de la mañana a las dos de la tarde, es el lapso en que se segrega *pitta* y el hambre crece. Uno se siente hambriento, ligero y caliente. De las dos de la tarde hasta la puesta de sol, es tiempo de *vata,* uno se siente activo y ligero. Alrededor de las seis de la tarde hasta las diez, es otra vez tiempo de *kapha,* hay un aire fresco, inercia y poca energía. Después de las diez de la noche, hasta las dos de la mañana son las horas pico de *pitta,* cuando la cena se digiere. Temprano, en la madrugada antes de amanecer, es otra vez tiempo de *vata.* Como *vata* crea movimiento, la gente se despierta y excreta desechos.

El desayuno debe hacerse temprano, entre las siete y ocho de la mañana. Las persona *vata* y *pitta* deben desayunar, pero los de constitución *kapha* no deben comer a la hora de *kapha.* Es mejor que lo hagan al comenzar el tiempo de *pitta,* entre las diez y las once de la mañana.

Es mejor comer cuando el sol está arriba, puesto que es el amigo más cercano del hombre. Si uno come tarde en la noche cambiará por completo la química del cuerpo, el sueño se perturbará y se tendrán sueños inquietos que harán que uno se sienta cansado al levantarse. Si se cena a las seis de la tarde, el estómago estará vacío a las nueve de la noche y se podrá dormir profundamente. Si se cambian los horarios de las comidas para que vayan con el ritmo de la *tridosha,* ocurrirá un cambio drástico en los hábitos de la vida.

No sólo las horas del día, sino las estaciones del año están relacionadas con el movimiento de la *tridosha.* En otoño, septiembre, octubre y noviembre, las hojas de los árboles se caen, hay viento y la temperatura empieza a bajar. En esta época, predomina *vata.* El invierno abarca de diciembre a febrero, siendo una época nublada, con nieve y temperaturas frías. Este clima incrementa *kapha,* y durante esta época prevalecen los resfriados, congestión, tos, bronquitis y faringitis.

La primavera, de marzo a mayo, es la estación de enlace entre invierno y verano. *Kapha* se agravará en la primavera temprana y *pitta* en la última parte de la primavera. Al inicio de esta estación la *kapha* acumulada durante el invierno se licúa y se seca poco a poco. El calor de la primavera tardía incrementa el calor del cuerpo, dando lugar a desórdenes *pitta,* como diarrea de verano, ardor de ojos, quemaduras del sol, urticaria, inflamación de la piel, dermatitis y ardor en los pies.

De esta forma, se puede demostrar que los cambios en el día y las estaciones, producen cambios en los humores del cuerpo, *vata, pitta* y *kapha.* Estar concientes de estos cambios nos ayuda a estar en contacto con el flujo de energía en el medio ambiente interno y externo.

## SOL Y LUNA

El concepto del tiempo no sólo incluye las medidas del reloj y el calendario, sino también las fases de la luna y el flujo de energía solar. Todos estos cambios se relacionan con los humores del cuerpo. El sol se relaciona con la conciencia y el estado de alerta humano, y la luna con la mente que crea los cambios en las emociones y facultades mentales. La luna es la diosa del agua que gobierna *kapha.* Los atributos de la luna son: frialdad, blancura, lentitud y densidad. Éstos también son atributos de *kapha.* Durante la luna llena, *kapha* aumenta en el cuerpo y se estimula el elemento agua del ambiente externo.

*Cuadro 9*
## Mandala de la *Tri-dosha*
*Estaciones y partes del día*

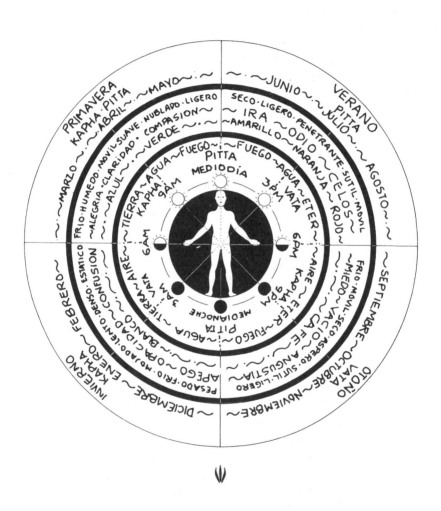

108

En estas épocas la marea del oceano es alta, lo que causa un exceso de agua en toda forma viviente. Las personas con asma de tipo *kapha* sufrirán ataques más frecuentes durante la luna llena. Las mujeres tienen más cólicos menstruales durante este periodo. Durante la luna nueva, la energía solar es más intensa. Como esta energía se relaciona con *pitta,* las personas que sufren de epilepsia tipo *pitta* tendrán más ataques durante este periodo.

## ASTROLOGÍA

El tiempo también incluye el movimiento de los planetas. Los planetas están muy relacionados con los órganos del cuerpo. De todos los conceptos del tiempo, el tiempo astrológico es el más significativo para el sistema nervioso humano, debido a la influencia poderosa de los planetas sobre la mente, el cuerpo y la conciencia.

Cada planeta está relacionado con un tejido específico. Marte el planeta rojo, se relaciona con la sangre y el hígado. El hígado es el lugar de la bilis, que se caracteriza por el fuego, *pitta;* Marte influye en el funcionamiento del hígado y sus enfermedades. Este planeta también puede causar otras enfermedades de *pitta,* como es el incremento de toxinas en la sangre, urticaria y acné. Las úlceras pépticas y colitis ulcerativas se agravarán con la influencia de Marte.

Saturno también es un planeta fuerte de efectos profundos. Por ejemplo, su energía puede provocar enflaquecimiento muscular y emaciación. Venus es responsable de los desórdenes del semen, próstata, testículos y ovarios. Mercurio gobierna la capacidad de razonamiento y sus desórdenes.

## EDADES DE LA VIDA HUMANA

El tiempo no sólo gobierna los movimientos planetarios, sino también los ciclos de la vida humana. El movimiento del tiempo en la vida de un individuo está ligado al ciclo *vata-pitta-kapha.* La Ayurveda dice que hay tres etapas importantes en la vida humana: la niñez, la edad madura y la vejez. La niñez es la época *kapha.* Los niños pueden sufrir muchas enfermedades de tipo *kapha,* como congestión en los pulmones, tos y resfriados.

El único alimento de un bebé es la leche materna o de vaca, que puede agravar *kapha*. Este periodo dura desde el nacimiento hasta los dieciséis años.

La edad adulta va de los dieciséis a los cincuenta años. Este periodo corresponde a *pitta,* cuando el individuo es activo y está lleno de vitalidad. Los desórdenes *pitta,* son comunes en esta época.

La vejez es la etapa de *vata.* En esta época prevalecerán los temblores, enflaquecimiento, sofocación, artritis, pérdida de la memoria y arrugas.

# CAPÍTULO XII
# Longevidad

Desde el momento del nacimiento físico, hasta la muerte física, el cuerpo se encuentra en constante lucha contra el proceso de envejecimiento. Debido a que la continua actividad de los téjidos y órganos causa deterioro y degeneración a nivel celular, el rejuvenecimiento debe ser a este nivel.

La *tridosha* juega un papel muy importante en el mantenimiento de la salud y longevidad natural. Cada *dosha* tiene un papel crucial en el sostenimiento de las funciones de cada una de las billones de células que constituyen el cuerpo humano. *Kapha* mantiene la longevidad a nivel celular. *Pitta* gobierna la digestión y nutrición. *Vata*, que está estrechamente relacionada con la energía vital *pránica*, gobierna todas las funciones vitales.

En un nivel más profundo, para combatir el envejecimiento, es necesario equilibrar las tres energías esenciales y sutiles del cuerpo: *prana, ojas* y *tejas*. El funcionamiento de *prana, ojas* y *tejas* corresponde a un plano más sutil de la creación, al funcionamiento de *vata, kapha* y *pitta*, respectivamente. La dieta, el ejercicio y un estilo de vida apropiado, pueden equilibrar estas tres energías esenciales y sutiles, asegurando una larga vida.

*Prana* es la energía vital que lleva a cabo la respiración, oxigenación y circulación y gobierna también las funciones motoras y sensoriales. La fuerza vital *pránica* enciende el fuego biológico central *(agni)*. La inteligencia natural del cuerpo se expresa espontáneamente a través de *prana*. Por ejemplo, si un niño tiene deficiencias de hierro o calcio, la inteligencia natural del cuerpo, gobernada por *prana*, motivará al niño a comer tierra, que es fuente de esos minerales.

El lugar de *prana* es la cabeza, ya que gobierna las más elevadas actividades cerebrales. Las funciones de la mente: memoria, pensamiento y emociones, están bajo control de *prana*. La función fisiológica del corazón también es gobernada

**111**

por *prana*, y desde el corazón, *prana* entra en la sangre y así controla la oxigenación de todos los *dhatus* y órganos vitales. *Prana* gobierna todas las funciones biológicas de las otras dos energías: *ojas* y *tejas*. Durante el embarazo *prana* entra al feto a través del cordón umbilical. *Prana* también regula la circulación de *ojas* en el feto. De esta manera, en todo ser humano, incluyendo el no-nato, se puede crear un desequilibrio en *ojas* y *tejas* debido a un desorden de *prana,* o viceversa. *Ojas* es la energía esencial de los siete *dhatus* o tejidos. Es la energía vital que gobierna el equilibrio hormonal. Es el elemento superfino de *shukralartav* (sistema reproductivo). *Ojas* se localiza en el corazón, es la energía vital que controla las funciones de la vida con la ayuda de *prana*. *Ojas* contiene todos los cinco elementos y todas las sustancias vitales de los tejidos. Es responsable del sistema inmunológico y de la inteligencia a nivel mental.

Debido a que *ojas* está relacionado con *kapha*, el exceso de *kapha* puede desplazar a *ojas* y viceversa. El *ojas* desplazado crea desórdenes relacionados con *kapha* como diabetes, huesos flojos y adormecimiento de las extremidades. La disminución de *ojas* creará reacciones relacionadas con *vata*, como miedo, debilidad general, incapacidad de los sentidos para percibir, pérdida de la conciencia y muerte. Es necesario mantener el equilibrio de *ojas* para mantener el vigor y la inmunidad.

El *ghee* ayuda a incrementar a *ojas*. La leche materna promueve a *ojas* en el cuerpo del bebé, por lo que es importante que el niño reciba leche materna.

Durante el octavo mes de embarazo, *ojas* viaja del cuerpo de la madre hacia el feto. Si el nacimiento ocurre prematuramente, antes de la transferencia de *ojas*, el bebé tendrá dificultades para sobrevivir. Este fenómeno demuestra la importancia de *ojas* en el mantenimiento de las funciones vitales. Así como *ojas* es necesario en el comienzo de la vida, también es necesario para la longevidad.

A nivel psicológico, *ojas* es responsables por la compasión, el amor, la paz, la creatividad. A través de *pranayama,* disciplina espiritual y técnicas *tántricas*, uno puede transformar *ojas* en energía espiritual. Esta poderosa energía crea un aura o halo alrededor del *chakra* de la cabeza. Una persona con *ojas* fuerte es atractiva, de ojos lustrosos y una sonrisa espontánea y tranquilizante. Una persona así está llena de energía y poder espiritual. Las prácticas espirituales y el celibato promueven estas cualidades en el individuo. Aquellos que abusan del sexo y la masturbación, disipan la energía de *ojas* en el momento del orgasmo. El resultado es un *ojas* débil que afecta directamente al sistema inmunológico. Tal individuo es suceptible a desórdenes psicosomáticos.

*Tejas* es la esencia de un fuego muy sutil que gobierna el metabolismo a través del sistema enzimático. *Agni,* el fuego central del cuerpo, promueve la digestión, absorción, y asimilación de los alimentos. La transformación de los ingredientes nutritivos en los tejidos sutiles, está gobernada por un nivel sutil de energía de *agni,* llamada *tejas.* *Tejas* es necesaria para la nutrición y transformación de cada *dhatu.* Cada *dhatu* tiene su propia *tejas* o *dhatu-agni.* Esta energía es responsable del funcionamiento fisiológico de los tejidos sutiles.

Cuando *tejas* se agrava, quema a *ojas,* reduciendo la inmunidad y estimulando la actividad *pránica.* El exceso de *prana* produce desórdenes degenerativos de los *dhatus.* La falta de *tejas* conduce a una sobreproducción de tejido enfermo que provoca el crecimiento de tumores y obstruye el fluir de energía *pránica.*

Una dieta inapropiada, malos hábitos de vida y abuso de drogas, causará desequilibrios en *tejas.* Las sustancias calientes, penetrantes y agudas directamente agravan *tejas.*

Así como es esencial para la salud asegurar el equilibrio entre las *doshas,* los *dhatus* y las tres *malas* o desechos biológicos, también es importante para la longevidad que *prana, ojas* y *tejas* estén en equilibrio. Para crear tal equilibrio, el proceso de rejuvenecimiento que enseña Ayurveda, es lo más efectivo.

El rejuvenecimiento debe darse en los niveles físicos, mentales y espirituales. Antes de comenzar un programa de rejuvenecimiento físico, hay que limpiar el cuerpo. Así como una ropa sucia no se teñirá del color correcto, el cuerpo no se beneficiará del rejuvenecimiento hasta que no se haya limpiado por dentro. Una hierba rejuvenecedora, tomada oralmente, pasa a través del estómago, intestino delgado y grueso antes de pasar al torrente sanguíneo. Todos estos pasajes fisiológicos deben de purificarse para que la hierba llegue a los tejidos profundos y el proceso de rejuvenecimiento comience.

Esta limpieza del cuerpo se lleva a cabo a través de los cinco *pancha karma*: vómitos, purgantes, enemas medicinales, administración nasal de medicamentos y purificación de la sangre. (Para una descripción detallada de estos tratamientos, ver capítulo VII). El vómito limpia el estómago, que es el lugar de *kapha;* la purgación purifica el intestino delgado, lugar de *pitta;* los enemas medicinales limpian el intestino grueso, lugar de *vata*; la administración nasal de hierbas aclara la mente y la conciencia. Para purificar la sangre, es necesaria una sangría. La sangre limpia permite que el plasma pueda llevar los nutrientes rejuvenecedores a los tejidos.

El rejuvenecimiento mental incluye calmar la mente. Una mente callada y meditada también ayuda a mantener la longevidad. Uno debe aprender a ser testigo de sus propias actividades mentales, pensamientos y emociones. Una recomendación a-yurvédica para promover la paz mental es el aislamiento, la evasión de los asuntos mundanos y de la sociedad. Sin embargo, este método no es práctico para la mayoría de la gente. De cualquier forma, la Ayurveda recomienda un segundo método de rejuvenecimiento mental, en el cual, el individuo aprende a estar en el mundo. A través de esta proposición, uno debe aprender a observar sus ataduras y determinar cúales le crean tensión. Una vida sin ataduras y tensión, es la más feliz, sana y pacífica. Esa vida crea longevidad natural.

El celibato, la disciplina espiritual y las prácticas de yoga también son útiles para el rejuvenecimiento. Estas disciplinas llevan a la comprensión espiritual y a una vida sana que promueve el rejuvenecimiento.

La medicina moderna ha desarrollado técnicas para mantener la vida, aún después de que la comunicación entre el cuerpo, las emociones y el espíritu del individuo han cesado. Aun cuando la Ayurveda apoya la extensión de la vida mientras esto es posible, también enseña que puede haber limitaciones *kármicas* en la vida de un individuo. La Ayurveda respeta tanto la vida como la muerte y su íntima conexión. Esta ciencia de la vida también sugiere maneras de enfrentarse pacíficamente a la muerte. Según la Ayurveda la muerte es amiga del hombre. El cuerpo muere; pero la conciencia individual (el alma), no muere: es eterna. Para obtener libertad se requiere disciplina. Las bases ayurvédicas de la disciplina son una dieta cuidadosa y una forma equilibrada de vida. La disciplina del cuerpo, la mente y el espíritu se obtiene a través de prácticas tradicionales de *yoga, pranayama* y *tantra*. Estas tres traerán al hombre libertad espiritual y física.

## YOGA

Según la Ayurveda, la práctica de la yoga -que es una ciencia espiritual de la vida- es una medida muy importante, natural y preventiva para asegurar la buena salud. La Ayurveda y la yoga son ciencias hermanas. En la India, es tradicional estudiar Ayurveda antes de iniciar la práctica de la yoga, porque la Ayurveda es la ciencia del cuerpo, y sólo cuando el cuerpo está listo, se considera al individuo apto para estudiar la ciencia espiritual de la yoga.

Las prácticas yógicas descritas por el padre de la yoga, *Patanjali*, son muy útiles para el mantenimiento de la buena salud, felicidad y longevidad. *Patanjali* descubrió las ocho ramas de la yoga y de las prácticas yógicas. Estas son: la regulación natural del sistema nervioso, la disciplina, la purificación, las posturas, la concentración, la contemplación, el despertar de la Conciencia y el estado de perfecto equilibrio.

La yoga conduce al hombre al estado natural de tranquilidad, que es el equilibrio. De esta manera, los ejercicios yógicos tienen valor preventivo y curativo. Las prácticas yógicas ayudan a regular y a equilibrar las neuro-hormonas, el metabolismo y el sistema endocrino, que da fortaleza y contrarresta la tensión. La yoga es muy efectiva para el tratamiento de stress y los desórdenes relacionados con la hipertensión, la diabetes, el asma y la obesidad.

La yoga es la ciencia de la unión con el Ser Supremo. La Ayurveda es la ciencia de vivir, de la vida diaria. Cuando los

**115**

yoguis hacen ciertas posturas y siguen ciertas disciplinas, abren y mueven energías que se han acumulado y estancado en los centros de energía, y que al estar estancados crean enfermedades. Los yoguis pueden sufrir desórdenes físicos y psicológicos temporales por haber liberado toxinas durante la limpia yóguica de la mente, el cuerpo y la conciencia. Empleando el diagnóstico ayurvédico, los yoguis resuelven con éxito sus malestares. La Ayurveda indica qué tipo de yoga es apropiado para cada persona de acuerdo a su constitución particular. (Los siguientes diagramas indican qué posturas son buenas para cada constitución, así como ciertos desórdenes). Por ejemplo, una persona de constitución *pitta* no debe pararse de cabeza durante más de un minuto. Si lo hace el resultado será confusión mental. Una persona de constitución *vata* no debe hacer la "postura de hombros" durante mucho tiempo, pues esta postura ejerce demasiada presión en la séptima vértebra cervical. Esta vértebra es muy sensible y se puede provocar una desviación en la columna vertebral, debido a la delicada estructura ósea de los *vata*. La ira reprimida puede provocar desviaciones hacia la derecha en las vértebras cervicales; y el miedo reprimido las desviará hacia la izquierda. Una persona de constitución *kapha* no debe hacer el "loto escondido", pues esta postura ejerce demasiada presión en las glándulas suprarrenales.

### RESPIRACIÓN Y MEDITACIÓN PRANA (*Pranayama*)

Los ejercicios de respiración, llamados *pranayama,* son un método yóguico de curación que puede conducir hasta un estado extraordinario de equilibrio en la conciencia. Practicando *pranayama,* uno puede experimentar el Ser Puro y aprender el verdadero significado de la paz y el amor. El *pranayama* trae muchos beneficios curativos y también afecta la creatividad. Puede traer alegría y felicidad.

Así como en el yoga, hay diferentes tipos de *pranayamas*. La Ayurveda indica qué ejercicios son adecuados para las diferentes constituciones. Una persona de constitución *pitta* debe hacer respiraciones a través del orificio nasal izquierdo. Para hacer este ejercicio, inhale por el lado izquierdo y exhale

## Cuadro 10
## Posturas de yoga para desórdenes tipo
## *Vata, Pitta* y *Kapha*

### POSTURAS DE YOGA PARA VATA
*Todas las posturas deben hacerse mientras se sigue una respiración profunda y silenciosa.*
1. **Asma tipo vatta:** Doblez hacia atrás, arado, rodilla al pecho, cadáver.
2. **Dolor de espalda:** Rodilla al pecho, arado, media rueda, doblez hacia atrás.
3. **Estreñimiento:** Doblez hacia atrás, yoga *Mudra*, rodilla al pecho, postura de hombros, cadáver. El ombligo debe meterse mientras se hacen estas posturas.
4. **Depresión:** Yoga *Mudra*, arado, cadáver, palma, langosta.
5. **Ciática:** Rodilla al pecho, doblez hacia atrás, arado, yoga *Mudra*, media rueda.
6. **Debilidad sexual:** Doblez hacia atrás, arado, postura de hombros, loto elevado.
7. **Várices:** Parado de cabeza, doblez hacia atrás, cadáver.
8. **Arrugas:** Yoga *Mudra*, doblez hacia adelante, parado de cabeza, arado.
9. **Artritis reumática:** Media rueda, arco, arado, parado de cabeza, doblez hacia atrás.
10. **Dolor de cabeza:** Arado, yoga *Mudra*, parado de cabeza.
11. **Insomnio:** Cadáver, cobra, doblez hacia adelante.
12. **Desórdenes menstruales:** Arado, cobra, media rueda, yoga *Mudra*.

### POSTURAS DE YOGA PARA PITTA
*Todas estas posturas deben hacerse mientras se sigue una respiración profunda y silenciosa.*
1. **Úlcera péptica:** Loto escondido, sheetali (inhalar a través de la lengua hecha rodillo).
2. **Hipertiroidismo:** Postura de hombros, oreja a rodillas.
3. **Mala absorción:** Rodilla al pecho, pez, langosta.
4. **Hipertensión:** Postura de hombros, cobra, media rueda, respiración silenciosa.
5. **Furia u odio:** Media rueda, postura de hombros, loto escondido, cadáver.
6. **Migraña:** Sheetali, postura de hombros, pez.
7. **Colitis:** Pez, oreja a rodilla, barco, arco.
8. **Desórdenes del hígado:** Pez, posición de hombros, oreja a rodilla, loto escondido.
9. **Hemorroides:** Pez, posición de hombros, arco.
10. **Estomatitis** (inflamación de la lengua) : Sheetali.

## POSTURAS DE YOGA PARA KAPHA

*Todas estas posturas deben hacerse mientras se sigue la respiración profunda y silenciosa.*

1. **Bronquitis:** Parado de cabeza, arado, doblez hacia adelante, doblez hacia atrás, media rueda, pez.
2. **Enficema:** Media rueda, postura de hombros.
3. **Sinusitis:** Pez, barco, arado, arco, respiración de fuego *(bhasrika).*
4. **Dolor de cabeza debido a la sinusitis:** León, cabeza a la rodilla, pez.
5. **Diabetes:** Barco, pez, media rueda, doblez hacia atrás, doblez hacia adelante.
6. **Desórdenes crónicos gastrointestinales:** Pez, langosta, cobra.
7. **Garganta irritada:** León, postura de hombros, langosta, pez.
8. **Asma:** Media rueda, arco, barco, postura de hombros, palma, pez, cobra.

## POSTURAS DE YOGA

DOBLEZ HACIA ADELANTE
paso 1

DOBLEZ HACIA ADELANTE
paso 2

DOBLEZ HACIA ADELANTE
variación

DOBLEZ HACIA ADELANTE
detalle

**118**

**DOBLEZ HACIA ATRÁS**

**DOBLEZ HACIA ATRÁS**
fácil

**DOBLEZ HACIA ATRÁS**
difícil

**CABEZA A RODILLA**
correcto

**CABEZA A RODILLA**
incorrecto

**CABEZA A RODILLA**
ayuda

**119**

**RODILLA A PECHO**
cabeza abajo

**RODILLA A PECHO**
cabeza arriba

**TORSIÓN ESPINAL**

**ARADO**
correcto

**ARADO**
incorrecto

**ARADO**
ayuda

**BARCO**

**OREJA A RODILLA**

**MEDIA RUEDA**

**POSTURA DE HOMBROS**

**PARADO DE CABEZA**

**PARADO DE CABEZA**
ayuda

**LANGOSTA**

**COBRA**

**ARCO**

**MEDIO ARCO**

**PEZ**

**PEZ**
detalle

**YOGA MUDRA**
**paso 1**

**YOGA MUDRA**
**paso 2**

**LOTO**

**LOTO ELEVADO**

**LOTO ESCONDIDO**

**CADÁVER**

**123**

SHEETALI                   LEÓN

por el derecho, usando el pulgar y el dedo medio para cerrar y abrir alternadamente los orificios nasales. Este ejercicio tiene un efecto frío en el cuerpo, e intensifica la energía femenina.

Una persona de constitución *kapha* debe hacer respiraciones por el lado derecho, inhalando a través del orificio nasal derecho y exhalando por el izquierdo. Este ejercicio crea un efecto caliente en el cuerpo, estimulando la energía masculina.

PALMA

Una persona de constitución *vata* debe hacer respiración alternada. Como *vata* es una fuerza activa, la respiración alternada trae equilibrio.

El que es obeso, debe hacer el ejercicio de respiración llamado "respiración de fuego". Para hacerlo, siéntese en una posición cómoda, respire profundamente y exhale rápida y forzadamente por la nariz. La inhalación sucederá naturalmente después de la exhalación. Este ejercicio ayuda a metabolizar las grasas. Se debe hacer durante un minuto, seguido de otro minuto de descanso, luego otro más de respiración, haciendo un total de cinco minutos. Este ejercicio es el equivalente a correr

*Tabla 8*

**Asanas para desórdenes de Vata, Pitta y Kapha**
*Dosha y lugar especial en el cuerpo*

**VATA**
*Humor que produce movimiento*

**PITTA**
*Humor que produce calor*

**KAPHA**
*Humor que produce estructura*

**Lugar de Vata**
Intestino grueso, cavidad pélvica

**Lugar de Pitta**
Intestino delgado

**Lugar de Kapha**
Pecho, estómago

*Calidades*

**VATA**
Seco, ligero, frío, sutil, áspero, móvil, claro.

**PITTA**
Aceitoso, agudo, caliente, ligero, olor agrio, líquido, fluido.

**KAPHA**
Frío, aceitoso, pesado, lento, estable, suave, denso.

125

# Asanas que equilibran los desórdenes de Dosha

## VATA

*Asanas* que ponen presión en el área pélvica intestinal. *Asanas* hechas con respiración lenta, regular y silenciosa. *Asanas* que pongan presión en el bajo abdomen y que anclen al cuerpo. Asanas que equilibren y agudicen la concentración haciendo *prana* más suave y más fino.

LOTO, DOBLEZ HACIA ATRÁS, CABEZA-RODILLA, ARADO, LANGOSTA, CADÁVER, COBRA, RODILLA-PECHO, PARADA DE CABEZA.

## PITTA

*Asanas* que actúen sobre el área de la cintura y ombligo, que incrementen la eficiencia del fuego gástrico y que estimulen la digestión. *Asanas* que estimulen el hígado, bazo, intestino delgado y que fortalezcan el fuego gástrico (*agni*).

LOTO ESCONDIDO, OREJA-RODILLA, ARCO, PEZ, POSTURA DE HOMBROS, MEDIA RUEDA, SHEETALI.

## KAPHA

*Asanas* que trabajan sobre el pecho, estómago, y áreas de la cabeza llevando energía a los lugares de *kapha*. *Asanas* que den fuerza, incrementen la agilidad, reduzcan la grasa y a *kapha*.

TORSIÓN ESPINAL, BARCO, LEÓN, CABEZA-RODILLAS, PALMA, MEDIA RUEDA.

126

tres kilómetros. (Cuando una persona obesa hace esta respiración, comenzará a sudar, sentir sed, y a desear un bebida fría. Las bebidas frías sin embargo deben evitarse pues incrementarán la grasa del cuerpo). El *pranayama* limpia los pulmones, el corazón y otros órganos: purifica los *nadis*, que son corrientes pránicas de energía en el cuerpo. El *pranayama* debe llevarse a cabo cuidadosa y sistemáticamente, pues puede crear desórdenes en los órganos delicados. Cuando los *pranayamas* se hacen correctamente, se pueden curar ciertas enfermedades, pero por el contrario pueden crearse si no se hacen adecuadamente. El lector no debe empezar sin la guía de una persona con experiencia en este sistema yóguico de curación.

## MANTRA

*Mantram* (forma singular), es un término sánscrito que denota una palabra o un grupo de palabras que tienen ciertas vibraciones fonéticas y energéticas. Ciertas palabras sagradas sánscritas tienen tremenda energía, y cantar esas palabras sagradas, de cierta manera, libera esa energía.

El canto de un *mantram* se debe hacer primeramente en voz alta para que uno pueda oírlo. La vibración del *mantram* penetra cada vez más profundamente en el corazón, y finalmente uno puede quedar silencioso, trabajando internamente con los sonidos supersónicos. Esta práctica trae tremenda energía curativa. La energía del *mantram* ayuda a conseguir equilibrio de la mente, el cuerpo y la conciencia. Así como el alimento para el cuerpo debe escogerse de acuerdo a la constitución, así también con el *mantram*, cuyo propósito y acción efectiva es nutrir el alma individual.

## MEDITACIÓN

La meditación trae conciencia, armonía y orden natural a la vida humana. Despierta la inteligencia para hacer la vida feliz, pacífica y creativa. Vamos a compartir un simple y sencillo método de meditación.

Elija un tiempo libre, si es posible temprano en la mañana y siéntese calladamente. Permita a sus ojos reconocer el ambiente

**127**

que lo rodea, a sus oídos recibir los sonidos. Relaje sus músculos. Después de pasar algún tiempo observando este mundo exterior, cierre los ojos y traiga su atención de lo externo hacia adentro.

Empiece a notar los movimientos de los pensamientos, deseos y emociones. Desde el banco de la conciencia observe la actividad del río de pensamientos. No trate de detener, cambiar o juzgar esta experiencia.

Por medio de esta observación interna, usted se está limpiando de distracciones; está llegando al comienzo de una transformación radical. La conciencia se expanderá y comenzará a relajarse. Las bodegas de energía se abrirán: estos son los beneficios de practicar la meditación.

Hay otras formas de meditación que también traen grandes beneficios: siéntese en silencio y observe su respiración. La respiración es un movimiento de *prana,* y como *prana* es una fuerza y energía vital, tiene dos polaridades: inspiración y espiración. La inspiración es fría y la espiración es tibia. Juntas crean un biorritmo natural.

A través de la respiración, usted puede estar conciente de la vibración del sonido cósmico. Este sonido cósmico, el sonido-sin-sonido *OM,* tiene dos manifestaciones, una masculina y otra femenina. La manifestación masculina es *hum,* y la femenina es *so.* Durante la inhalación, usted sentirá la vibración del sonido cósmico *so.* Durante la exhalación, sentirá el sonido *hum*.

En la meditación *so-hum* tiene lugar la unión de la Conciencia Individual con la Conciencia Cósmica. Escuche el sonido *so-hum, hum-so* a través de la respiración. Estas vibraciones de energía-sonido son una con la energía-vida de la respiración. Su respiración se hará silenciosa, espontánea e irá más allá del pensamiento, más allá del tiempo y espacio, más allá de causa y efecto. Las limitaciones se desvanecerán; su conciencia se vaciará, y en el vacío, la conciencia se expanderá.

Esta fusión de la Conciencia Individual a la Conciencia Cósmica trae *samadhi,* el estado espiritual de más equilibrio. En este estado, la paz y la alegría descenderán como una bendición. Su vida cambiará y su vivir diario se convertirá en una

### Diagrama 11
### Meditación  *So-Hum*

*So* - (él)  Conciencia Cósmica
*Hum* - (yo) Conciencia Individual

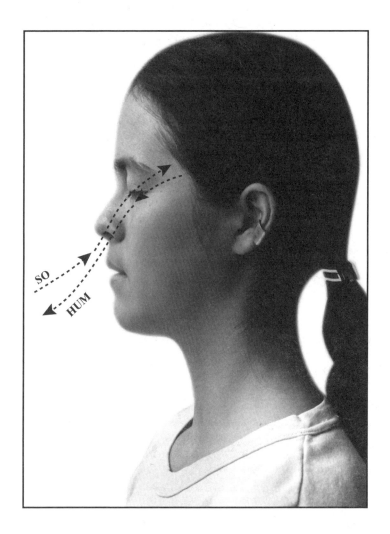

experiencia nueva y fresca. La vida será meditación, pues la meditación no está separada de la vida, sino que es parte de ella. La vida es meditación y la meditación es vida. La inteligencia creativa comenzará a operar en su cuerpo, mente y conciencia. Todos los problemas se disolverán en esta nueva conciencia de expansión. La meditación es necesaria para traer armonía a la vida diaria. Sin embargo, no olvide que los resultados de la meditación son fruto de una práctica comprometida y regular.

## MASAJE

El masaje es una terapia que trabaja con el movimiento de la energía en el cuerpo. Para mantener la salud y para crear un equilibrio entre los tres humores, *vata*, *pitta* y *kapha*, la Ayurveda recomienda masajes con diversos aceites. El proceso de masaje y el tipo de aceite que se use dependerá de la constitución individual de cada persona.

En una condición agravada de tipo *vata,* la Ayurveda sugiere masaje con aceite de ajonjolí para calmar y al mismo tiempo equilibrar el cuerpo. Los movimientos en contra del sentido de los vellos del cuerpo facilitan la penetración del aceite en los poros. Esta técnica se usa para gente *vata*, pues tienen la piel seca y los poros cerrados. El masaje para una persona de constitución *pitta* debe hacerse con aceite de girasol o sándalo, pues éstos tienen propiedades refrescantes. Para la constitución *kapha* se debe usar aceite de maíz o de raíz de cálamo, o simplemente masaje sin aceite.

Se usan diferentes técnicas para desórdenes específicos. Por ejemplo, para la sangre estancada y la mala circulación, se debe masajear hacia el corazón. Para espasmos musculares, tensión y dolor, masajear en dirección de las fibras musculares. El masaje debe hacerse en la mañana durante el tiempo de *kapha* para desórdenes tipo *kapha;* en la tarde para desórdenes *vata,* al mediodía para *pitta*. A la gente *kapha* le beneficia el masaje profundo. Para individuos *pitta* y *vatta* se debe dar un masaje suave.

# CAPÍTULO XIII
# Medicamentos

L a farmacología ayurvédica es una vasta ciencia que incluye miles de medicamentos, muchos de los cuales son preparaciones herbales. Además de estas hierbas, se recomiendan remedios que son menos familiares en Occidente, por ejemplo, el uso de gemas, metales y colores por sus propiedades curativas. Los textos clásicos ayurvédicos establecen que todas las sustancias que se encuentran en la naturaleza tienen valor medicinal cuando se usan de una manera adecuada. El propósito de estos remedios, no es suprimir los efectos de la enfermedad, como generalmente sucede en la medicina occidental, sino tratar de armonizar nuevamente los factores desequilibrados del cuerpo, para eliminar la causa de la enfermedad. El propósito y la acción de los remedios ayurvédicos es erradicar la enfermedad misma y no sólo tratar los síntomas.

La Ayurveda es una ciencia muy práctica y propone los siguientes consejos simples para el tratamiento de achaques: el uso de hierbas empleadas normalmente en la cocina es un método efectivo y directo. Por lo menos el 80% de las enfermedades son auto-limitantes: esto es, si no se hace nada para alterar el proceso de la enfermedad, eventualmente el mecanismo del cuerpo restaurará al sistema nervioso a un estado de salud. La información en este capítulo indica métodos para mantener el cuerpo en su proceso natural de equilibrio entre los ambientes externo e interno, para promover la salud.

Por supuesto, si el achaque o enfermedad no mejora después de usar estos métodos, se debe consultar a un médico. A veces hay síntomas que parecen menores, pero que pueden tener serias repercusiones.

131

## LA FARMACIA EN LA COCINA

La cocina se puede convertir en su clínica doméstica. Use la cocina y sus recursos para crear remedios que lo curarán a usted y a su familia. Las siguientes sustancias naturales son fáciles de obtener y se pueden emplear en casa.

**Aceite de ricino:** Es un laxante lo suficientemente suave para administrarlo a bebés. Para tratar a un bebé, la madre debe sumergir el dedo meñique en el aceite y dejar que el bebé lo chupe. Para estreñimiento crónico se debe tomar una cucharada de aceite de ricino con una taza de té de jengibre. Este tónico neutralizará las toxinas, aliviará los gases y el estreñimiento. El aceite también es antireumático, pues es un analgésico natural. El té de raíz de ricino se usa para tratar desórdenes *vata,* como artritis, ciática, dolor crónico de espalda y espasmos musculares. Este té también descongestiona, es antiartrítico y antiinflamatorio: es efectivo en el tratamiento de la gota.

**Ajo:** Contiene aceite, es aromático, caliente, amargo y picante. Alivia a *vata* y los gases. Es bueno para la digestión y la absorción: es un buen rejuvenecedor.

Mucha gente espiritual dice que el ajo es *rajas* (inhibe el crecimiento espiritual). Las personas espirituales no deben usarlo. El ajo estimula la energía sexual, y por lo tanto, no se recomienda para los que practican el celibato.

Aparte de las contraindicaciones espirituales, el ajo es muy efectivo para desórdenes *vata.* Debido a que tiene un efecto caliente, es muy útil durante la época de lluvias y en invierno. También alivia el dolor de las articulaciones. Sin embargo, el ajo no es bueno para gente *pitta* debido a sus atributos calientes y picantes.

También es antireumático y se puede usar para la tos seca o congestión. Es muy efectivo para dolores de cabeza provocados por sinusitis, dolor y zumbido de oídos. Para tratar problemas de oídos se ponen tres o cuatro gotas de aceite de ajo, o se llena el oído con aceite durante la noche y se sella con algodón. En la mañana, el dolor habrá desaparecido. El ajo también alivia el dolor de muelas. Se puede masajear los dientes y encías sensibles con aceite de ajo. El ajo fresco se puede usar para cocinar, hace la comida más sabrosa, es fácil de absorber y enciende el *agni*. El ajo fresco es anti -*vata* y anti -*kapha*.

*Alfalfa:* Su sabor es astringente y ligeramente amargo. Tiene propiedades anti -*vata*, anti -*kapha*, y antiinflamatorias. Es muy efectiva para limpiar las toxinas del intestino grueso. La alfalfa es un analgésico natural y se puede usar para curar algunas enfermedades como la ciática. También se puede tomar antes de acostarse para casos de artritis, reumatismo, colitis, úlcera y anemia.

*Asafétida:* Sustancia aromática, es un extracto de la resina de un árbol y es un estimulante natural. Alivia espasmos, es expectorante y laxante. Una pizca de asafétida cocinada con lentejas o frijoles ayuda a la digestión, enciende *agni,* remueve toxinas y alivia el dolor. También alivia los gases en el intestino grueso.

Si hay dolor de oído, se puede introducir un poco de asafétida envuelta en un pedazo de algodón. El olor alivia el dolor.

*Canela:* Es aromática, estimulante y con propiedades antisépticas y refrescantes. De sabor ligeramente picante y astringente. Su acción sobre el cuerpo es caliente. Refresca, fortifica y da energía al cuerpo. También actúa como analgésico, alivia los desórdenes de *vata, kapha* y puede usarse para *pitta,* pero en pequeñas cantidades. Si se toma en exceso, desordenará *pitta*.

La canela enciende el *agni,* promueve la digestión y limpia. También estimula la transpiración. Es indicado en caso de resfriados, congestión y tos. Para aliviar estas enfermedades y promover la digestión, debe tomarse en pequeñas cantidades, una pizca a la vez. Se puede preparar en té con cardamomo, jengibre y clavo.

*Cardamomo:* Aromático, estimulante y refrescante. Es ligeramente astringente, dulce y un poco picante. Sólo debe usarse en pequeñas cantidades, rociándolo sobre las verduras o en té. Nos ayuda a encender el fuego digestivo; refresca la mente y es un estimulante cardiaco, fortalece el corazón y los pulmones, alivia los gases, el dolor, abre la respiración y refresca el aliento. También agudiza nuestros poderes mentales.

**Cebolla:** Irritante, fuerte, picante y aromática. Es de acción caliente cuando se ingiere. Contiene amonia, es irritante para los ojos y causa lagrimeo y flujo nasal. La cebolla estimula los sentidos en caso de mareo o desmayo. Para esto se debe partir en pedazos e inhalarse. También ayuda a la digestión y estimula la energía sexual. Es un alimento *rajas* y no se recomienda a aquellos que practican el celibato como disciplina espiritual.

Las cebollas cocidas son dulces y menos picantes. Si se aplican en cataplasmas sobre ampollas de la piel, éstas reventarán. La fiebre alta y las convulsiones consecuentes pueden aliviarse aplicando cebolla cruda rayada envuelta en un pedazo de tela sobre la frente o el abdomen.

Si la cebolla se inhala o se usa en gotas para los ojos, mejorarán los ataques epilépticos agudos. También ayuda a reducir el colesterol, y es un buen tónico cardiaco. La acción de la cebolla ayuda a reducir el ritmo del corazón. Media taza de jugo fresco con dos cucharaditas de miel, cura el asma, la tos, los espasmos, la náusea y los vómitos. También destruye algunos parásitos intestinales. Una cebolla rayada con media cucharadita de cúrcuma y media cucharadita de curry aliviará el dolor de articulaciones cuando se aplica como pasta sobre la zona afectada.

**Cilantro:** Esta planta se usa de dos formas: la planta fresca y las semillas secas. El cilantro tiene una sustancia aromática y estimulante que ayuda a la digestión. Tiene propiedades frías. El cilantro es un diurético natural que se puede tomar si se siente ardor al orinar. Para este tratamiento debe preparse un té con la semillas. Esto hace a la orina más alcalina. También es útil para los gases, indigestión, náusea y vómito.

El jugo de cilantro fresco tiene propiedades anti-*pitta* y se usa para la urticaria, las erupciones y la dermatitis. La pulpa

134

se puede aplicar sobre la piel para aliviar el dolor. Ayuda a purificar la sangre.

*Clavo:* Es caliente, picante, aceitoso y agudo, por lo que agrava *pitta.* Los clavos ayudan a controlar *vata* y a *kapha.* Los clavos pueden usarse en polvo sobre las verduras y frutas. También se toman en forma de té. Si se añade una pizca de polvo de clavo al té de jenjibre, ayudará a controlar a *vata* y *kapha.* El clavo es un analgésico natural. El aceite de clavo se usa para aliviar el dolor de dientes. Se sumerge un pedazo de algodón en el aceite y se inserta en la cavidad del diente. Los clavos aliviarán la tos, la congestión, los refriados y los problemas de sinusitis. Se puede añadir unas cuantas gotas de aceite al agua hirviendo para inhalar el vapor y así descongestionar. Esta medida aliviará la obstrucción nasal y la congestión.

Masticar un clavo con azúcar candy ayuda a aliviar la tos seca (se recomienda el uso de esta azúcar para no agravar a *pitta,* pues el clavo creará una sensación de ardor en la lengua).

*Comino:* Esta especie aromática es ligeramente amarga y picante. Ayuda a la digestión y mejora el sabor de la comida. También ayuda a la secreción de jugos gástricos.

El polvo de comino tostado se usa para desórdenes intestinales como diarrea y disentería. Para tales enfermedades se pone una pizca de polvo de comino en jocoque (ver Apéndice C). El comino alivia el dolor y los calambres de abdomen. Es muy efectivo para desórdenes de *pitta* y *kapha.*

*Cúrcuma:* Esta raíz es arómatica, estimulante y tiene muchos efectos benéficos. Es amarga, ligeramente picante y un buen purificador de la piel; ayuda a la digestión y alivia la congestión. Calma las enfermedades respiratorias como la tos y el asma. Es anti-artrítica y actúa como germicida natural.

La cúrcuma se puede añadir a alimentos proteínicos para ayudar en su digestión y prevenir la formación de gases. Se usa para mantener la flora del intestino grueso.

Para aliviar la inflamación de las anginas y la congestión de la garganta, también se usa la cúrcuma. Para este propósito, se mezclan dos pizcas de cúrcuma y dos de sal en un vaso de agua caliente y se hacen gárgaras.

La cúrcuma también tiene propiedades antiinflamatorias. En caso de abrasiones, moretones o hinchazones traumáticas, se aplica localmente una pasta de cúrcuma. A media cucharadita de cúrcuma se le añade una pizca de sal y se aplica sobre el área afectada. El dolor, la inflamación e hinchazón se aliviarán rápidamente.

Para el tratamiento de la diabetes, la cúrcuma también es útil. Se toman de cuatro a cinco cápsulas (tamaño doble 0) después de cada comida. Esto ayuda a que el nivel de azúcar en la sangre vuelva a su nivel normal.

*Ghee:* Producto hecho a base de mantequilla y sal (ver Apéndice C). Excelente aperitivo, enciende *agni,* y mejora el sabor de los alimentos. También ayuda en la digestión pues estimula la secreción de jugos gástricos. Ayuda a mejorar la inteligencia, entendimiento, memoria y *ojas.* Si se toma con leche caliente alivia el estreñimiento. Cuando el *ghee* se usa en combinación con otras hierbas, lleva las propiedades medicinales a los tejidos.se usa externamente como medicina ayurvédica (ver Apéndice C), combinado con raíz de orozuz o raíz de cálamo.

Alivia la fiebre cromática, la anemia, los desórdenes de la sangre y es útil durante el proceso de desintoxicación. No incrementa el colesterol como otros aceites y tiene propiedades anti-*vata,* anti-*pitta* y anti-*kapha.* De esta manera, ayuda en el equilibrio de la *tridosha.*

Promueve la curación de heridas, úlceras pépticas y colitis. Generalmente es bueno para el tratamiento de los ojos, nariz y piel.

*Gotu-kola:* (Centella asiática). La hoja de esta planta se parece a los hemisferios del cerebro. Actúa sobre el tejido cerebral. Ayuda a desarrollar la memoria e inteligencia. Estimula los tejidos cerebrales, expandiendo el entendimiento y comprensión.

La *gotu-kola* alivia la tensión y calma la mente. El nombre sanscrito es *brahmi* (*Brahma* significa Conciencia Cósmica).

Esta hierba ayuda al flujo de energía entre los hemisferios derecho e izquierdo del cerebro. Es anti-congestionante y se usa para aliviar la sinusitis. Se usa en forma de polvo para limpiar las mucosidades. Se debe tomar un cuarto de cucharadita con miel en la mañana y en la tarde.

La acción esencial de la *gotu-kola* es sobre la mente y sobre la Alta Conciencia. Se puede tomar en té, una taza antes de acostarse. Promueve un sueño profundo y un despertar pacífico y alerta.

*Jengibre:* Esta raíz se usa fresca o seca. En ambas formas, el jengibre es aromático y picante. Es estimulante y carminativo. El jengibre fresco contiene más agua y es más suave; en polvo es más fuerte y es más penetrante. El té de jengibre fresco es bueno para la gente de *vata* y *pitta*. El jengibre seco concentrado y fuerte, es bueno para *kapha*. El jengibre causa sudor, enciende *agni,* neutraliza toxinas y ayuda en la digestión, absorción y asimilación de los alimentos. Alivia la inflamación de la garganta, resfriado común, congestión y problemas de sinusitis. El té de jengibre seco se puede tomar con miel.

El jengibre fresco rayado con un poco de ajo se puede tomar para contrarrestar el *agni* bajo. Una pizca de sal añadida a media cucharadita de jengibre fresco actúa como excelente aperitivo.

Es el mejor remedio doméstico para problemas de *kapha* como la tos, la nariz tapada y la congestión.

Para aliviar los dolores de cabeza, se prepara una pasta con media cucharadita de polvo de jengibre con agua. Se calienta y se aplica sobre la frente. Esta pasta causa un ligero ardor, pero no quema la piel y alivia el dolor.

El jengibre también se usa como especie para cocinar. Es especialmente útil en épocas frías. Hace la comida más ligera y más fácil de digerir. Ayuda en la limpieza de los intestinos y promueve la peristalsis. Se aplica externamente sobre las articulaciones y músculos adoloridos. Ayuda a la circulación y alivia el dolor provocando la liberación de la energía estancada.

Para dolores del cuerpo se recomienda un baño de agua tibia con jengibre. Se coloca el jengibre rayado en un pedazo de tela que se ata a la llave de agua caliente, para que fluya a través del jengibre. Esta agua alivia el dolor, tiene un efecto refrescante y relajante.

*Miel:* Crea calor en el cuerpo, por lo que actúa reduciendo *vata* y *kapha*. Su sabor es dulce y astringente. Es bueno para curar úlceras internas y externas. Al igual que el *ghee,* la miel lleva las propiedades medicinales de las hierbas a los tejidos del cuerpo, y por lo tanto, se usa como vehículo para muchas sustancias. También es excelente para purificar la sangre, es buena para los ojos y los dientes. Alivia los resfriados, la tos y la congestión. Si se aplica sobre una herida, ayuda a curarla. La combinación de miel y agua dan energía al cuerpo y ayudan a limpiar los riñones. Si se toma con moderación reduce la grasa. La miel no debe cocinarse, pues el cocimiento altera sus atributos y la hace dañina. La miel cocinada puede tapar el tracto digestivo y crear toxinas.

*Mostaza:* Es muy picante, caliente, aguda, penetrante y aceitosa. La semilla se usa como especie. Enciende *agni* y neutraliza las toxinas. Se debe usar cuidadosamente pues incrementa *pitta.*
Actúa como analgésico y reduce el calor muscular. Es carminativa y descongestionante.
El polvo de mostaza mezclado con agua se usa en cataplasmas. No deben aplicarse directamente sobre la piel, sino sobre una tela, pues pueden salir ampollas. Estos cataplasmas se usan para aliviar articulaciones dolorosas, o dolor de pecho.
También se usa en fomentos para aliviar los espasmos musculares. En este caso se atan las semillas de mostaza en un pedazo de tela y se sumergen en agua caliente. Después se meten las manos y los pies en esta agua para reducir el dolor de las articulaciones y de los músculos, los cuales relaja.
Las semillas de mostaza también se usan para cocinar y freír. Se calienta aceite de ajonjolí en un sartén y cuando el aceite esté caliente, se fríen aproximadamente dos pizcas de semillas de

mostaza con cebolla, ajo y verduras. Las verduras se aligeran y se vuelven más fáciles de digerir. La mostaza se puede usar en casos de indigestión y distensión del abdomen.

*Nuez moscada:* Esta especie es aromática y estimulante. Se usa para mejorar el sabor de los tés y de la leche. Cuando se toma con leche, sirve como tónico para el corazón y el cerebro. También se usa para la debilidad sexual.

La nuez moscada es efectiva para tratar la incontinencia urinaria, debilidad general, diarrea, gases, dolor de abdomen, falta de apetito y enfermedades del hígado y bazo.

La nuez moscada es relajante e induce al sueño, por lo que ayuda en casos de insomnio. Se debe tomar en pequeñas cantidades -una pizca- y sólo deben tomarla los adultos, por su acción fuerte.

Es muy buena para gente *vata* y *kapha*. La gente *pitta* debe usar la nuez moscada en dosis pequeñas.

*Orozuz:* Esta hierba es dulce y ligeramente astringente. Es un expectorante natural. La raíz de orozuz limpia la boca, promueve la salivación e incrementa las secreciones del tracto gastrointestinal. Se debe mascar un palo de orozuz para limpiar la boca y los dientes. También es germicida.

Se toma en forma de té para aliviar la tos, los resfriados y la congestión.

El orozuz es emético. Dos o tres vasos de té provocarán náuseas y vómito que ayudarán a expulsar el exceso de mucosidades acumuladas en el estómago y que crean congestión en el pecho.

El orozuz es un remedio efectivo para las úlceras pépticas y la gastritis. Para tratar estas enfermedades, hay que preparar una taza de té con una cucharadita o menos de polvo de orozuz.

El orozuz se puede preparar en *ghee* medicinal para uso interno. Esta medicina ayurvédica se emplea en diabetes, bronquitis, resfriados y ataques de asma (ver Apéndice C).

*El ghee de orozuz:* Se usa externamente sobre heridas. Las heridas infectadas se pueden aliviar aplicándoles *ghee* de orozuz. Tomado regularmente (media cucharadita diaria) ayudará a desinflamar las úlceras pépticas. El orozuz también se utiliza en la inflamación de la vesícula biliar. El té de orozuz se debe tomar después de las comidas para ayudar a la digestión y eliminar el estreñimiento.

**Pimienta de cayena:** Caliente y picante. Es una hierba doméstica que se usa para cocinar. Enciende el fuego digestivo y es un buen aperitivo; ayuda a la circulación y provoca sudor. La pimienta de cayena ayuda a evacuar los intestinos, destruye los parásitos y gusanos. Ayuda en caso de resfriados, tos y congestión. La pimienta de cayena limpia el intestino grueso y las glándulas sudoríparas. Se puede tomar internamente por medio de cápsulas. Dos cápsulas tamaño doble cero, dos o tres veces al día ayudan a desbaratar los coágulos. Es bueno para desórdenes de *vata* y *kapha*, pero no los de *pitta*. Ayuda a reducir la pesadez de la comida, haciéndola ligera, sabrosa y fácilmente absorbible. Debe usarse con carne, lentejas y queso.

**Pimienta negra:** Picante, caliente, estimulante. Ayuda a encender al *agni*. Incrementa la secreción de jugos gástricos y mejora el sabor de los alimentos. Se usa para aliviar el estreñimiento, hemorroides secas, gases y falta de apetito. Esta especie también puede tomarse con una pizca de miel para combatir los gusanos del intestino grueso. Sólo debe usarse pimientas enteras molidas.

La pimienta negra ayuda a bajar la hinchazón. En casos de urticaria se aplica externamente una pizca de pimienta negra molida con *ghee*. La pimienta negra es caliente y picante, pero mezclada con *ghee* cura los desórdenes de *pitta* como la dermatitis y la urticaria.

**Polvo para hornear:** (bicarbonato de sodio). Cuando se guisan garbanzos o frijoles negros, se les puede añadir polvo para hornear para hacerlos más ligeros y facilitar el proceso de cocimiento. También es un antiácido. Una pizca en un vaso de agua tibia y el jugo de medio limón alivian la acidez, gases o indigestión. Media taza de polvo para hornear mezclado con el agua de la tina, ayuda a la circulación y hace la piel suave. El polvo para hornear alivia infecciones de la piel, la urticaria y mantiene la salud e higiene de la piel.

*Raíz de cálamo (Acorus calamus):* Esta hierba es caliente y penetrante; se usa como expectorante. También es emética. La raíz de cálamo tiene muchas propiedades medicinales. Para aliviar la congestión, sinusitis, resfriado y dolor de cabeza causada por sinusitis, se puede inhalar el polvo. Posiblemente provoque estornudos, lo que limpia las vías respiratorias.

Según la Ayurveda, el cálamo es anticonvulsivo. Se utiliza en ataques de epilepsia. Actúa sobre el tejido cerebral y sus funciones, pues aumenta la claridad y expande la conciencia.

Para promover la inteligencia de un niño en crecimiento, se calienta un alambre de oro y se inserta en el centro de un palo de raíz de cálamo, a lo largo del eje. Después esto se muele en un mortero y se mezcla con leche materna. Se puede dar al niño entre media y una cucharadita de este remedio. Esto también protege al niño de enfermedades tipo *kapha*.

La raíz de cálamo también se usa para mejorar la memoria. En la mañana y tarde hay que tomar una pizca del polvo de la raíz con un cuarto o media cucharadita de miel.

La ingestión de dos o tres tazas de té de cálamo, causarán vómito. Esta acción es una medida terapéutica para la tos crónica y el asma. La raíz de cálamo es un broncodilatador y descongestionante.

El aceite medicinal de raíz de cálamo se puede administrar por la nariz, y también se usa en masajes que alivian desórdenes de *vata* o *kapha*. El masaje con aceite relaja los músculos tensos y adoloridos y crea una sensación de frescura. La raíz de cálamo ayuda a la circulación y nutre los tejidos musculares.

*Sábila:* Esta planta se encuentra en todas partes del mundo. Es un tónico general para el hígado, que es el órgano que ayuda en la digestión y que neutraliza las toxinas. Los efectos

141

de la sábila son anti -*vata*, anti -*pitta* y anti -*kapha*, por lo que no agrava ningún humor del cuerpo. La sábila ayuda a equilibrar *vata, pitta* y *kapha* en el cuerpo. Tiene propiedades frías, pero no agrava a *kapha* debido a su acción expectorante. Alivia la tos, los resfriados y la congestión. Es un laxante suave. Se usa externamente para quemaduras, cortaduras y heridas. Se puede aplicar con cúrcuma, pues los dos se ayudan en el proceso curativo. También se aplica localmente en herpes vaginal. Para estos casos se mezclan dos cucharadas de pulpa con dos pizcas de cúrcuma. Se aplican localmente cada noche antes de acostarse durante una semana.

La pulpa fresca de la sábila es muy útil para mujeres que tienen espasmos musculares durante la menstruación. En este caso, se deben tomar una o dos cucharaditas de pulpa con una pizca de pimienta, y como tónico general se deben tomar dos cucharaditas tres veces ál día. La sábila purifica la sangre, y de esta forma ayuda al hígado, la vesícula biliar y el estómago. Es muy útil en caso de úlcera, de colitis, de conjuntivitis y para aliviar las inflamaciones.

En casos de vaginitis y cervicitis se prepara una ducha con dos cucharadas de pulpa de sábila para un litro de agua tibia y se añaden dos pizcas de cúrcuma. Esta ducha vaginal debe usarse un día si y otro no durante cuatro días. Esta preparación tiene una acción local efectiva.

***Semillas de linaza:*** Son laxantes, expectorantes y descongestionantes. Tome un té de semillas por la noche y tendrá evacuación fácil en la mañana. También ayuda a drenar las mucosidades del intestino y estómago a través de las heces. Esta simple hierba doméstica también alivia los problemas de estreñimiento, distensión e incomodidad en la región abdominal. Las semillas de linaza son energéticas y también ayudan en el alivio del·asma y la tos crónica.

***Rumex crispus:*** (Yellow dock, de la misma familia de la acedera). Hierba nativa de América. Tiene propiedades anti-*pitta*. Es laxante, purifica la sangre y es antiinflamatoria.

**142**

Se puede usar en casos de artritis, dolor, sensibilidad y enrojecimiento. Como té es efectiva para la dermatitis, los hemorroides sangrantes, las erupciones e inflamación en el cuello, la espalda y las axilas.

Debido a sus propiedades desintoxicantes, esta hierba purifica la sangre y equilibra a *pitta*. La raíz de esta hierba es útil en aplicaciones externas: úlceras, infecciones de la piel y abrasiones no curadas.

## METALES*

Además de utilizar hierbas con fines medicinales, la Ayurveda usa las propiedades curativas de los metales, las gemas y las piedras. Las enseñanzas ayurvédicas sostienen que todo lo que existe está dotado de la energía de la Conciencia Universal. Todas las formas de materia son simplemente la manifestación externa de esta energía. *Prana,* la fuerza vital, fluye de esta energía universal, que es la esencia de toda la materia. Así los metales, piedras y gemas son la manifestación externa de ciertas formas de energía. Estos materiales contienen reservas de energía *pránica* que se pueden utilizar con propósitos curativos. Los antiguos *rishis* de la India descubrieron los efectos de la energía curativa a través de la meditación. Las influencias adversas sobre las funciones normales del cuerpo, la mente y la conciencia, pueden contrarrestarse con el uso de gemas y metales. Cuando se usan sobre la piel, inducen una influencia electromagnética que actúa sobre las células y los tejidos. Por ejemplo, cuando se usa un brazalete de plata y plomo, se pueden evitar problemas del hígado.

La salud física depende de las influencias cósmicas y del estado espiritual y mental del individuo. Así como una casa se protege de los rayos con una varilla de cobre, el cuerpo también se puede proteger de la radiación eléctrica y magnética de la atmósfera valiéndose de gemas y metales. Los metales puros emiten una luz astral que contrarresta las fuerzas negativas de los planetas.

---

*Precaución: Los siguientes metales tienen efectos potenciales tóxicos cuando se usan en exceso, sólo deben usarse bajo la supervisión de un médico ayurvédico calificado.

Todos los metales contienen una gran energía curativa. Los metales pesados como el mercurio, el oro, la plata, el cobre, el fierro, el plomo y el estaño se usan para curar. Sin embargo, los metales pueden contener ciertas impurezas que son tóxicos para los órganos vitales como los riñones, el hígado, el bazo y el corazón. En estos casos, la Ayurveda prescribe métodos específicos para su purificación. El metal se calienta y se trata con aceite, orina de vaca, leche, ghee, jocoque. A través de estos métodos antiguos, se puede conseguir una purificación más sutil que la que se produce con tratamientos químicos. De esta manera los tejidos humanos reciben la influencia de los metales sin efectos tóxicos. A continuación se describen los efectos benéficos de varios metales.

*Cobre:* Alivia los excesos de grasa y *kapha*. Es un buen tónico para el hígado, el bazo y el sistema linfático. Es especialmente útil para las personas que tienden a subir de peso, a retener agua o que tengan obstrucciones linfáticas. También es útil para la curación de la anemia.

Para tratar la obesidad y los desórdenes del hígado y del bazo, lave unas cinco monedas de cobre puro en jugo de limón, póngalas en un litro de agua y hiérvalo hasta que quede la mitad solamente. Se deben tomar dos cucharaditas de esta agua de cobre tres veces al día durante un mes.

También ayuda ponerse una pulsera de cobre en la muñeca.

*Estaño:* Este es un elemento rejuvenecedor natural. Las cenizas purificadas del estaño se utilizan para curar la diabetes, la gonorrea, la sífilis, el asma, las infecciones respiratorias, la anemia, las enfermedades de la piel y de los pulmones y la obstrucción linfática.

*Hierro:* Es benéfico para la médula, el tejido óseo, los glóbulos rojos, y por lo tanto, las cenizas de hierro se usan para tratar la anemia. Se usa también en caso de hepato y esplenomegalia. El hierro fortalece los músculos, el tejido nervioso y tiene propiedades rejuvenecedoras.

*Mercurio:* Metal muy pesado y potente. Ayuda a encender el sistema enzimático, transforma y regenera los tejidos. Según la mitología hindú, el mercurio es el semen del Dios *Shiva.* Estimula la inteligencia y despierta la conciencia. Nunca debe usarse solo, sino con azufre. La potencia de ciertas hierbas se incrementa miles de veces cuando se usa con mercurio y azufre. Estos dos metales transportan las propiedades de las hierbas a los canales y tejidos del cuerpo.

*Oro:* Es eficaz para los nervios. Mejora la memoria y la inteligencia, fortalece los músculos del corazón e incrementa el vigor. El oro es bueno en casos de histeria, epilepsia, ataques del corazón, pulmones débiles y también para el bazo. El oro puro se convierte en cenizas cuando se pone al fuego. Su energía también se puede aprovechar a través del uso de agua de oro. Para preparar esta agua, ponga un ornamento de oro (sin piedras) en medio litro de agua y hiérvalo hasta que se evapore la mitad. La energía electrónica del oro se pasará al agua durante este proceso. Se puede tomar una cucharadita de esta agua dos o tres veces al día. El agua de oro energetiza el corazón provocando que un pulso débil se ponga fuerte. También mejora la memoria, la inteligencia, la comprensión y estimula el despertar de la conciencia.

El oro tiene propiedades calientes, y por lo tanto, debe usarse con precaución si uno tiene constitución *pitta.* Algunas personas no toleran el oro y les puede provocar urticaria.

*Plata:* Este es otro metal curativo importante. La plata tiene propiedades frías, por lo que es benéfica en el tratamiento de *pitta.* La plata promueve la fuerza y el vigor. También se usa para tratar enfermedades *vata,* pero debe emplearse con cuidado por gentes *kapha.* La plata es útil en procesos de emaciación, fiebre crónica, debilidad después de fiebres, acidez, condiciones inflamatorias de los intestinos, hiperactividad de la vesícula biliar y excesivo sangrado menstrual. Las cenizas de plata son útiles en la curación de enfermedades inflamatorias del corazón, el hígado y el bazo.

El agua de plata se prepara de la misma manera que la de oro. La leche, entibiada en un recipiente de plata, da vigor y fuerza.

*Plomo:* Medicina efectiva para las enfermedades de la piel. Se usa en el tratamiento de leucorrea, flujos vaginales, hinchazón, gonorrea y sífilis.

❄

### TERAPIA DE GEMAS, PIEDRAS Y COLOR
Al igual que los metales, las gemas, piedras y colores contienen vibraciones de energía con propiedades curativas. Se puede aprovechar la energía curativa de las gemas y piedras usándolas como ornamentos en anillos, collares o poniéndolas en agua durante la noche y bebiéndola al día siguiente. Las gemas se pueden purificar poniéndolas en agua con sal durante dos días. A través de las vibraciones positivas y negativas, las gemas dan y quitan energía. Activan los centros de energía del cuerpo y ayudan a desarrollar la sensibilidad.

A continuación se enlistan las gemas que se consideran benéficas para el individuo según su mes de nacimiento, y también la descripción de usos y propiedades de las piedras y gemas conocidas.

# Calendario de piedras

Enero - granate
febrero - amatista
Marzo - hematita
Abril - diamante
Mayo - ágata
Junio - perla
Julio - rubí
Agosto - zafiro
Septiembre - piedra luna
Octubre - ópalo
Noviembre - topacio
Diciembre - rubí

## Uso de gemas

Para curaciones: amatista, hematita, perla.
Para experimentar los efectos sutiles de la energía: diamante, lapis-lazuli, rubí.
Para atraer la creatividad: hematita, perla.
Para desarrollar habilidades psíquicas: lapis-linquis.
Para receptividad: ágata, berilo.
Para protección en general: berilo, lapis-linquis.
Para proteger del frío: carbón, acero.
Para proteger de la ira: perla, ópalo.

*Agata:* Color humo. El ágata protege a los niños del miedo, los ayuda a caminar y a mantener el equilibrio. Esta gema estimula el despertar espiritual. Ayuda a aliviar desórdenes *kapha.*
Contiene los elementos éter, aire y fuego. Debe usarse alrededor del cuello montada en un collar de oro.

*Amatista:* Morada, azul o violeta. La amatista contiene los elementos éter y agua. Da dignidad, amor, compasión y esperanza. Esta gema ayuda a controlar los temperamentos emocionales. Es buena para desequilibrios de *vata* y *pitta.*
Debe usarse alrededor del cuello en un collar de oro.

147

**Berilo:** Amarillo, verde o azul. El berilo contiene fuego y éter. Estimula excesivamente la *pitta,* pero alivia el exceso de *vata* y *kapha.* Esta gema promueve la inteligencia, el poder, el prestigio, la posición social, los valores musicales y artísticos. Debe usarse alrededor del cuello en un collar de plata o en un anillo de plata en el dedo anular izquierdo.

**Coral rojo:** Esta piedra que viene del mar, absorbe energía del planeta Marte. Contiene carbonato de calcio. Calma a *pitta,* purifica la sangre y ayuda a controlar el odio, la ira y los celos. Se usa en el dedo índice o anular de la mano derecha. Contiene los elemento agua, tierra y fuego.

**Diamante:** Blanco, azul o rojo. La energía de esta piedra preciosa trae vibraciones de energía al corazón, al cerebro y a los tejidos más profundos. El diamante rojo tiene una energía que estimula *pitta.* El diamante azul tiene energía fría que calma *pitta* y estimula a *kapha.* Los diamantes sin color estimulan a *vata* y *kapha* y calman a *pitta.* La Ayurveda usa los diamantes como tónicos del corazón. Para esto se pone el diamante en un vaso de agua durante la noche y se debe tomar al día siguiente.

El diamante es una piedra preciosa con la acción más rejuvenecedora. Trae prosperidad y estimula la espiritualidad. Ayuda a crear una unión fuerte en las relaciones, por lo que tradicionalmente esta piedra se asocia con el matrimonio. Contiene éter, aire, fuego, agua y tierra. Debe usarse en el dedo anular derecho en un anillo de oro. Se debe hacer notar que los diamantes de baja calidad tendrán efectos negativos sobre el cuerpo.

**Granate:** Material de silicatos con una variedad de colores entre los que están los siguientes: rojo, café, negro, verde, amarillo y blanco. El rojo, el amarillo y el café tiene un efecto caliente y son benéficos para enfermedades de *vata* y *kapha.* El blanco y el verde son útiles para *pitta* porque son fríos. El granate rojo tiene fuego y tierra; el verde, fuego y aire; el blanco, agua. Los granates se pueden usar alrededor del cuello montados en oro para personas de constitución *vata* y *kapha;* para *pitta* es preferible montarlos sobre plata.

*Hematita:* Esta piedra de cuarzo tiene pequeñas gotas de color rojo. Ayuda en casos de hemorragia y purifica la sangre. La hematita ayuda a promover el crecimiento espiritual de los niños. Es buena para problemas de hígado, del bazo o de anemia. Esta piedra contiene fuego y agua. Se debe usar alrededor del cuello, cerca del corazón.

*Lapis-lázuli:* Azul, violeta o verde. Esta piedra fortalece los ojos y se usa para problemas de la vista. El lapis-lázuli es una piedra celestial y sagrada. Da fortaleza al cuerpo, la mente y la conciencia. Contiene fuego, éter y agua. El lapis-lázuli es bueno para *vata* y *kapha*. Debe usarse alrededor del cuello en un collar de oro.

*Lapis-linquis:* Esta piedra tiene propiedades similares a las del lapis-lázuli. Ayuda a la meditación y trae buena fortuna.

*Ópalo:* Rojo, amarillo-rojizo o anaranjado-amarillo. El ópalo ayuda en el crecimiento de los niños. Promueve sentimientos benévolos y amistosos. Es la gema de Dios, del amor, de la fe, de la compasión, de la creatividad y de la comprensión en las relaciones. Contiene agua, fuego y éter. Esta piedra es buena para condiciones *vata* y *kapha*.
Se debe usar en el dedo índice derecho en un anillo de oro, o alrededor del cuello en un collar de oro.

*Perla:* Blanca. Esta gema es un producto orgánico de la madre perla (ostión). Contiene agua, aire, tierra (carbonato de calcio). Tiene propiedades frías, es calmante y curativa. Tiene propiedades anti-*pitta*. Purifica la sangre. Las cenizas purificadas se usan internamente en enfermedades inflamatorias del estómago e intestino delgado. Se usa en el tratamiento de hepatitis y piedras en la vesícula biliar. Una persona que vomita bilis puede usar la cenizas de perla.
La perla es hemostática, por lo que se usa en casos de encías sangrantes, vómito con sangre, sangre en el esputo o hemorroides sangrantes.

La perla fortalece, da vigor y vitalidad. Se puede aprovechar la energía eléctrica de esta piedra haciendo agua de perla. Se deben poner cuatro o cinco perlas en un vaso con agua y dejarlo serenar durante la noche. El agua se debe tomar como tónico al día siguiente. Alivia el ardor de ojos y el ardor de orinar. El agua de perlas también es un antiácido natural y ayuda en condiciones inflamatorias agudas. La perla se debe usar en el dedo anular derecho en un anillo de plata.

*Piedra-luna:* Gris o blanca. Esta piedra absorbe la energía lunar, y por lo tanto, se le parece. La piedra-luna calma la mente y su energía fría alivia a *pitta*. Contiene los elementos aire, agua y éter. La piedra luna está muy relacionada con las emociones humanas y actúa sobre el agua del cuerpo.

Si una persona sufre tensión emocional, y las recaídas acontecen durante la luna nueva o llena, debe usar esta piedra montada en un anillo de plata en el dedo anular derecho. La piedra luna alivia a *vata* y *pitta*, pero agrava a *kapha*.

*Rubí:* Rojo. Esta gema ayuda en la concentración y da poder mental. Fortalece el corazón. Contiene los elementos fuego, aire y éter. *Pitta* es sensible a esta piedra, pero es buena para *vata* y *kapha*. Debe usarse en el dedo anular izquierdo sobre un anillo de oro o plata.

*Topacio:* Amarillo-paja, vino-amarillo, verdoso o rojo azuloso. Esta gema promueve la pasión y calma el miedo. El topacio da fortaleza e inteligencia. Contiene fuego, éter y aire. Debe usarse en el dedo índice en un anillo de oro, o alrededor del cuello en un collar de oro.

## COLOR

Los tratamientos ayurvédicos también emplean propiedades curativas de ciertos colores. Los siete colores presentes en el arco-iris están relacionados con los tejidos del cuerpo y con las *doshas*. De esta manera, la vibración de estos siete colores se usa para auxiliar el equilibrio de los tres humores. Si se ata papel celofán de cualquiera de los siete colores alrededor de un frasco de agua y se pone a la luz del sol durante cuatro horas, el agua contendrá la vibración del color. Esta agua se puede tomar para obtener resultados benéficos. Los siguientes colores son los que se usan en la Ayurveda

*Amarillo:* Cuando uno se expone al color amarillo, la energía sube hasta la *chakra* de la cabeza. Esté color estimula el entendimiento y la inteligencia. En términos espirituales, el amarillo se relaciona con la muerte del ego. Si se usa en exceso este color causa acumulación de bilis en el intestino delgado y puede incrementar a *pitta*. El amarillo alivia el exceso de *vata* y *kapha*.

*Amarillo-verdoso:* Este color tiene las propiedades del amarillo y del verde. Ayuda a aliviar a *vata* y *kapha* y puede incrementar *pitta*. Calma la mente.

*Azul:* Este es el color de la Conciencia Pura. Calma y enfría el cuerpo y la mente. El azul corrige la despigmentación de la piel. También corrige enfermedades del hígado y de *pitta*. El abuso de este color puede agravar a *vata, kapha* y causar congestión.

*Anaranjado:* El color naranja, así como el rojo, es caliente y tiene propiedades curativas. Ayuda a renunciar al mundo. También da energía y vigor a los órganos sexuales. Los que practican el celibato deben usar el anaranjado y así transformar la energía sexual en Conciencia Suprema. El que no es célibe puede estimularse sexualmente usando este color. El anaranjado disminuye a *kapha*, *vata* y la congestión. Mantiene el lustre de la piel. Si se usa en exceso este color puede aumentar *pitta*.

*Rojo:* Este color está relacionado con la sangre. Tiene propiedades calientes y estimula la formación de hemoglobina. Crea calor en el cuerpo y estimula la circulación. Ayuda a mantener el color de la piel, da energía al tejido nervioso y a la médula. El rojo alivia el exceso de *vata* y *kapha:* sin embargo, la sobre-exposición a este color causa abundancia de *pitta* que se puede alojar en diferentes partes del cuerpo y causar inflamación y conjuntivitis.

*Verde:* Este color calma la mente y da sensación de frescura. Ayuda a energetizar la *chakra* del corazón. Calma las emociones y trae felicidad al corazón. Reduce el exceso de *vata* y *kapha* y agrava a *pitta*. Si se usa en exceso el verde estimula la secreción de bilis, lo que puede crear piedras en la vesícula.

*Violeta:* Este es el color de la Conciencia Cósmica y es el que la despierta. Crea ligereza en el cuerpo y abre las puertas de la percepción. El violeta alivia el exceso de *pitta* y *kapha*, pero si se usa demasiado puede agravar a *vata*.

# Conclusión

L a Ayurveda nos ilumina con la leyes básicas y los principios que gobiernan la vida en la Tierra. Entender la Ayurveda es entender las fuerzas que engendran nuestro bienestar, así como aquellas que son las raíces de la enfermedad. Esta breve introducción es un intento para dar a conocer al lector, de una manera concisa, esta ciencia de la vida. Sólo representa una fracción de la totalidad de la riqueza de la sabiduría ayurvédica. Sin embargo, la intención en la que el autor espera haber tenido éxito, ha sido ofrecer una apreciación básica del vasto potencial, del gran poder curativo de la Ayurveda y proporcionar conocimientos prácticos aplicables a la vida diaria del lector.

Se han representado aquí todos los conceptos básicos de la Ayurveda, pero tal vez el lector tenga, todavía, preguntas sin contestar respecto a esta ciencia. De hecho, este libro pudo haber dado pie a más preguntas de las que se han contestado. Esto puede ser inevitable cuando uno trata, de manera introductoria, un antiguo sistema de sabiduría que abarca un amplio horizonte donde la conciencia humana se funde en la Conciencia Cósmica.

El autor espera haber cumplido de manera comprensible algunas de las verdades básicas de esta ciencia profunda. Sólo usted, el lector, puede juzgar si su esfuezo e intención ha tenido éxito. Sus comentarios acerca de este libro son bienvenidos, pues ayudarán considerablemente a producir el siguiente proyecto que será un tratado más detallado de esta ciencia.

Como los primeros capítulos de esta obra comenzaron con la creación, de donde se originó la Conciencia Cósmica y la formación de los cinco elementos, será natural concluir en el punto en que estos elementos regresan otra vez a su Fuente para continuar el ciclo cósmico de la existencia.

Cuando la muerte se acerca al elemento tierra, el sentimiento de solidez y dureza del cuerpo empieza a derretirse. El cuerpo se siente muy pesado, sus límites y márgenes son menos sólidos. Ya no existe el sentimiento de estar "en" el cuerpo. Se es menos sensible a las impresiones y a los sentimientos. Las extremidades no se pueden mover a voluntad. La perístole se hace más lenta, los intestinos ya no se mueven sin ayuda. Los órganos empiezan a apagarse. Mientras el elemento tierra continúa disolviéndose en el elemento agua, viene un sentimiento de fluidez, que siempre identificó al cuerpo, comienza a derretirse.

Mientras el elemento agua se empieza a disolver en el elemento fuego, el sentimiento de fluidez se convierte en una niebla tibia. Los líquidos del cuerpo circulan lentamente. La boca y los ojos se secan y la presión arterial disminuye. Cuando la circulación empieza a espesar y se detiene, la sangre se estanca en las extremidades. Genera un sentimiento de ligereza.

Cuando el elemento fuego se disuelve en el elemento aire, las sensaciones de calor y frío se disipan. Bienestar y malestar ya no tienen sentido. La temperatura del cuerpo cae hasta el punto que éste se enfría y palidece. La digestión cesa. Predomina una sensación de ligereza, como un calor que asciende y un sentimiento de irse disolviendo en formas cada vez más sutiles y sin límites.

El elemento aire se disuelve en la Conciencia misma. Ya no existen más límites. La exhalación, que se vuelve más larga que la inhalación, se ha disuelto en el espacio y ya no hay la experiencia de forma o función corpórea, sólo una sensación de vasta expansión, el disolverse en el Puro Ser.*

---

*De *Who dies* (Quién muere) por Stepfen Levine. Anchor Book, New York, 1982 pp. 269-270.

El sistema nervioso humano regresa a la Fuente de su Ser. Sin embargo, el final de este ciclo y del presente libro marca el comienzo de un viaje para usted, el lector. Ya es tiempo de ver el libro viviente, que es un cuerpo, su mente, y su conciencia.

El verdadero conocimiento reside en ese templo. Usted encontrará la única, auténtica y confiable demostración de la verdad de este texto, experimentando en ese santuario la sabiduría escrita aquí. El viaje es largo, pero siempre regresamos al lugar donde empezamos.

# APÉNDICE A
## Antídotos para diferentes alimentos*

| Alimentos | Efectos negativos | Antídotos |
|---|---|---|
| **LÁCTEOS** | | |
| Crema agria | Incrementa las mucosidades, causa congestión | Cilantro y cardamomo |
| Helado | Incrementa las mucosidades, causa congestión | Clavo y cardamono |
| Huevos | Incrementa *pitta*; si es tomado crudo, incrementa *kapha* | Perejil, cilantro, cúrcuma y cebolla |
| Queso | Incrementa la congestión y mucosidades; Incrementa *pitta* y *kapha* | Pimienta negra, chiles |
| Yogur | Incrementa las mucosidades, causa congestión | Comino o jengibre |
| **PESCADO Y CARNE** | | |
| Carne roja | Difícil de digerir | Chiles, clavo |
| Pescado | Incrementa *pitta* | Coco, limón y lima |
| **GRANOS** | | |
| Arroz | Incrementa *kapha* y la grasa | Clavo o pimienta |
| Avena | Incrementa *kapha* y la grasa | Cúrcuma, semilla de mostaza o comino |
| Trigo | Incrementa *kapha* y la grasa | Jengibre |

*Los antídotos para alimentos deben usarse en la preparación o durante la toma de dichos alimentos.

156

| VERDURAS | | |
|---|---|---|
| Ajo | Incrementa *pitta* | Coco rallado y limón |
| Col | Produce gases | Cocinar con aceite de girasol, cúrcuma y semillas de mostaza |
| Cebolla | Produce gases | Cocinar con sal, limón, yogur y semillas de mostaza |
| Ensalada verde | Produce gases | Aceite de oliva con jugo de limón |
| Jitomate | Incrementa *kapha* | Limón o comino |
| Legumbres | Produce gases y distensión | Ajo, clavo, pimienta negra, chile, sal de roca y jengibre |
| Papa | Produce gases | Ghee con pimienta |
| **FRUTAS** | | |
| Aguacate | Incrementa *kapha* | Cúrcuma, limón, ajo, pimienta negra |
| Fruta seca | Crea resequedad y puede incrementar *vata* | Remojar en agua |
| Mango | Produce diarrea | Ghee con cardamomo |
| Melón | Provoca retención de agua | Coco rayado con cilantro |
| Plátano | Incrementa *pitta* y *kapha* | Cardamomo |
| Sandía | Provoca retención de agua | Sal con chile |
| **NUECES Y SEMILLAS** | | |
| Manteca de cacahuate | Pesada, pegajosa; incrementa *pitta*; provoca dolor de cabeza | Jengibre y comino tostado |

| | | |
|---|---|---|
| Nueces | Producen gases e incrementan *pitta* | Remojar en la noche y cocinar con aceite de ajonjolí y chile |
| Semillas | Pueden agravar *pitta*. | Remojar y hornear para hacer más ligeras |
| **MISCELÁNEA** Alcohol | Estimulante; efecto depresor | Masticar 1/4 cucharadita de comino o dos semillas de cardamomo |
| café | Estimulante; deprime el sistema | Nuez moscada en polvo con cardamomo |
| Cafeína | Estimulante; efecto posterior depresor | Nuez moscada en polvo con cardamomo |
| Chocolate | Estimulante, también deprime el sistema | Cardamomo o comino |
| Dulces | Incrementan la congestión | Polvo de jengibre seco |
| Palomitas de maíz | Producen resequedad y gases | Añadir ghee |
| Tabaco | Incrementa *pitta* y estimula *vata* | Gotu-kola, raíz de cálamo o semillas de apio |
| Té negro | Estimulante; efecto depresor | Jengibre |

158

# APÉNDICE B
## Tratamientos de primeros auxilios

*Acné:* Aplique una pasta de polvo de cúrcuma y de sándalo, media cucharada de cada uno, con suficiente agua. También, tome media taza de jugo de sábila dos veces al día hasta que se cure.

*Asma:* Se recomienda té de raíz de orozuz y jengibre. Use media cucharada de la combinación de hierbas para una taza de agua. También un cuarto de taza con jugo de cebolla, una cucharada de miel y un cuarto de cucharada de pimienta negra, ayuda a aliviar la congestión, la tos y la falta de respiración.

*Cólicos menstruales:* Tome un cucharada de jugo de sábila con dos pizcas de pimienta negra tres veces al día hasta que el cólico desaparezca.

*Desmayo:* Inhale una cebolla fresca abierta o polvo de raíz de cálamo.

*Diarrea:* Licue partes iguales de agua y yogur, añada jengibre fresco (un octavo de cucharada), o tome café con jugo de limón. Otro remedio es la pasta hecha de dos cucharadas de semillas de amapola en una taza de agua. Hierva esta mezcla, añada una pizca de nuez moscada molida, licue y tómese.

*Dolor (externo):* Aplique compresas de jengibre. Para prepararlas combine dos cucharadas de polvo de jengibre con cúrcuma y añada agua suficiente para hacer una pasta. Caliente la pasta y espárzala sobre una gasa o tela de algodón. Después ponga la tela sobre la zona afectada y véndela. Manténgala así toda la noche.

*Dolor de cabeza:* Un remedio general para el dolor de cabeza es un pasta hecha con media cucharada de polvo de jengibre mezclado con agua caliente. Apliquese sobre la frente. Esto puede provocar ardor, pero no hará daño.

Otro remedio para aliviar el dolor de cabeza es la observación de la respiración. Observe si alguna ventana nasal exhala el aire con más ímpetu, si es así, ciérrela y respire por la otra, hasta que el dolor desaparezca.

Las siguientes recomendaciones pueden ser útiles para dolores específicos.

*Los dolores de cabeza:* Provocados por la sinusitis se relacionan con *kapha* y se puede aliviar aplicando una pasta de jengibre sobre la frente y los senos frontales y paranasales.

*Los dolores sobre el hueso temporal:* Indican un exceso de *pitta* en el estómago. Se pueden aliviar tomando un té de semillas de cilantro y comino, media cucharada de cada uno para una taza de agua caliente. Al mismo tiempo aplique una pasta de sándalo sobre la sien.

*Los dolores occipitales:* Indican toxinas en el intestino grueso. Antes de acostarse tome una cucharada de semillas de linaza con un vaso de agua tibia. Al mismo tiempo, aplique una pasta de jengibre atrás de las orejas (apófisis mastoides). Los dolores de cabeza pueden deberse a un cambio de energía o de emociones reprimidas en el sistema cojuntivo.

*Dolor de espalda:* Aplique pasta de jengibre y luego aceite de eucalipto sobre la zona afectada.

*Dolor de muelas y dientes:* Aplique tres gotas de aceite de clavo sobre el diente afectado.

*Dolor de oído:* Ponga tres gotas de aceite de ajo en el oído; también puede usar un cucharada de jugo de cebolla con media cucharada de miel, aplíquese diez gotas de esta mezcla.

*Encías sangrantes:* Tome el jugo de medio limón con una taza de agua. Masajee las encías con aceite de coco.

*Estreñimiento:* Beba té de hojas de sen (una cucharada para una taza de agua), o tome una cucharada de ghee con un vaso de agua antes de acostarse. Otro remedio efectivo es una taza de agua hervida con una cucharada de semillas de linaza y tomarlo antes de dormir.

*Agotamiento (debido al calor):* Beba un vaso con agua de coco o jugo de uvas. También puede licuar y tomar dátiles cocidos en ocho onzas de agua.

*Forúnculos:* Para madurar un forúnculo, aplique una cataplasma de cebollas cocidas, o una pasta de polvo de jengibre y cúrcuma (media cucharada de cada uno) directamente sobre el forúnculo.

*Garganta irritada:* Haga gárgaras de agua caliente mezclada con un cuarto de cucharada de cúrcuma y una pizca de sal.

*Gas (abdominal):* Mezcle una pizca de bicarbonato de sodio con una taza de agua y el jugo de medio limón. Tómese.

*Hemorroides:* Tome media taza de jugo de sábila tres veces al día hasta que desaparezcan.

*Hinchazón:* Tome agua de cebada: cuatro partes de agua hervida con una parte de cebada, después cuélese. El té de semillas de cilantro también es benéfico. Para hinchazón externo aplique dos partes de polvo de cúrcuma y una parte de sal sobre el área hinchada. Tome té de gotu-kola: una cucharada para una taza de agua.

*Hipo:* Tome dos partes de miel y una de aceite de ricino. También haga *pranayamas.* (Ver Capítulo XII, Respiración)

*Indigestión:* Coma un diente de ajo molido con una pizca de sal y una pizca de bicarbonato de sodio. También puede tomar un cuarto de taza de jugo de cebolla con medio cucharada de miel y media de pimienta negra.

*Mal aliento:* Enguáguese la boca con polvo de raíz de orozuz y coma semillas de hinojo. También puede tomar media taza de jugo de sábila dos veces al día hasta que vuelva el aliento fresco.

*Ojos (ardor):* Aplique aceite de ricino en las plantas de los pies. Ponga tres gotas de agua de rosas en el ojo afectado. Se recomienda poner la pulpa de sábila sobre el ojo.

*Picaduras y mordeduras venenosas:* Tome jugo de cilantro o aplique una pasta de sándalo sobre la zona afectada.

*Quemaduras:* Haga una pasta con la pulpa fresca de sábila y una pizca de polvo de cúrcuma. También se puede usar ghee o aceite de coco.

*Resfriados:* Hierva una cucharada de polvo de jengibre o de eucalipto en un litro de agua e inhale el vapor. También se aplica aceite de eucalipto en los lados de la nariz para aliviar la congestión. Se inhala una pizca de polvo de raíz de cálamo.

*Sangrado (externo):* Aplique una pasta de sándalo o compresas con hielo. Las cenizas de un pedazo de algodón quemado se pueden aplicar sobre el lugar del sangrado.

*Sangrado (interno):* Tome leche tibia con media cucharada de azafrán y polvo de cúrcuma.

*Sinusitis:* Aplique una pasta de polvo de jengibre sobre las zonas afectadas, o inhale una pizca de polvo de raíz de cálamo.

*Sueño (falta de):* Tome un té hecho con un cuarto de cucharada de polvo de nuez moscada para una taza de agua. Dése un masaje suave en la planta de los pies con aceite de ajonjolí; también apliquese aceite sobre la cabeza. Introduzca de cinco a diez gotas de aceite tibio en cada oído. Tome una taza de leche de vaca con azúcar candy o miel. El té de manzanilla es excelente para inducir el sueño (una cucharada de manzanilla por taza de agua).

**Sueño (exceso de):** Tome café, té de gotu-kola o de raíz de cálamo antes de acostarse. Cene temprano en la noche y no lo haga con exceso.

**Comer en exceso:** Este es un hábito nervioso que destruye la inteligencia natural del cuerpo. Coma alimentos ligeros como tapioca, mijo y centeno. Estas sustancias no aumentarán su peso aunque se tomen en grandes cantidades. Si usted ya come en exceso, tueste una cucharada de semillas de hinojo y cilantro con una pizca de sal y tómelo. También puede tomar una taza de agua tibia con el jugo de medio limón y una pizca de bicarbonato de sodio.

**Tensión muscular (parte superior del cuerpo):** Se puede hacer una enema con una taza de aceite de cálamo. Reténgalo durante media hora. Para tensión muscular general, aplique una pasta de jengibre y cúrcuma (una cucharada del primero con media del segundo) sobre la zona afectada, dos veces al día.

**Tos:** Se puede hacer gárgaras con un vaso de agua tibia, una pizca de sal y dos de cúrcuma. Chupe un clavo entero junto a un pedazo de azúcar candy. Si la tos viene con mucosidades, tome media cucharada de polvo de jengibre, una pizca de clavo y otra de cardamomo en una taza de agua hervida.

**Salpullido:** Aplique la pulpa de cilantro en la zona afectada y tome té de semillas de cilantro (una cucharada de semillas en una taza de agua).

**Veneno (general):** Tome media cucharada de *ghee* o polvo de raíz de orozuz.

**Zumbido de oídos:** Ponga tres gotas de aceite de clavo en los oídos. (Ver apéndice C).

# APÉNDICE C
## Recetas

*Aceite de ajo:* Exprima dos dientes de ajo y sándalo en una cucharada de aceite de ajonjolí. Hiérvalo. Deje el ajo en aceite y aplique la mezcla tibia.

*Aceite de clavo:* Hierva cinco clavos enteros en una cucharada de aceite de ajonjolí y deje los clavos en el aceite. Es necesario entibiar el aceite antes de aplicarlo.

*Bebida de almendras:* Remoje diez almendras en agua durante una noche. En la mañana quite las cáscaras. Licue las almendras con una taza de leche tibia. Añada una pizca de polvo de cardamomo y de pimienta negra (recién molida) y una cucharada de miel. Licue durante cinco minutos en alta velocidad y bébalo. Esta bebida ayuda a tener energía y *ojas.*

*Ghee:* Caliente medio kilo de mantequilla sin sal a fuego medio. Después de que se derrita, continúe calentando alrededor de doce minutos más. Mientras hierve subirá la espuma a la superficie; no la quite, pues contiene propiedades medicinales. Baje el fuego. La mantequilla tendrá un color dorado y olerá como a palomitas de maíz. El ghee estará listo cuando se dejen caer dos gotas de agua y se oiga un crujido. Déjelo enfriar. Páselo a través de un colador. El ghee se puede guardar sin refrigerar.

*Ghee de orozuz:* Primero prepare una decocción de orozuz tomando una parte de polvo de orozuz añadiéndole ocho partes de agua. Hiérvalo hasta que quede un cuarto de la cantidad inicial. Tome parte de esta decocción y añada una parte igual de ghee. Después agregue una cantidad igual de agua y hierva hasta que ésta se evapore. Lo que queda es ghee de orozuz.

***Ghee de cálamo:*** Primero prepare una decocción de raíz de cálamo y añadiéndola a ocho partes de agua. Hiérvalo hasta que quede una cuarta parte del agua inicial. Tome una parte de esta decocción, añádala a una parte igual de agua y hiérvala hasta que se evapore. Lo que queda es ghee de raíz de cálamo.

***Lassi:*** Caliente un litro de leche justo antes del punto de ebullición. Déjelo cocer a fuego lento y añada un poco de jugo de limón; después póngale una cucharada de yogur, cubra la leche y guárdela durante la noche en un lugar tibio y obscuro. A la mañana siguiente se habrá convertido en yogur fresco. Añádale una cantidad igual de agua y lícuelo. Se puede poner miel de maple.

***Té yogi:*** Mezcle los siguientes ingredientes: dos cucharadas de jengibre fresco rayado, cuatro semillas de cardamomo, ocho clavos enteros, una vara de canela y ocho tazas de agua. Hierva hasta que quede la mitad del líquido. Añada un poco de leche de vaca después de que el brebaje se haya enfriado y tómese.

❇

# Glosario

**Acné:** Erupción inflamatoria que normalmente ocurre en la cara, cuello, hombros y espalda.

**Alergia:** Reacción hipersensible a sustancias en el ambiente del individuo.

**Alopatía:** Un sistema de medicina (medicina occidental) que trata a las enfermedades y lesiones con intervenciones activas. Usa los tratamientos médicos y quirúrgicos para alcanzar efectos opuestos a la enfermedad o lesión.

**Anabolismo:** El proceso constructivo del cuerpo (un aspecto del metabolismo).

**Analgésico:** Sustancia que alivia el dolor.

**Anemia:** Condición en que el nivel de hemoglobina de la sangre es más baja de lo normal.

**Aromático:** Sustancia con fragancia y un sabor picoso que estimula el tracto gastrointestinal.

**Artritis:** Condición inflamatoria de las articulaciones que se caracteriza por el dolor y la hinchazón.

**Ascitis:** Acumulación excesiva de fluidos en la cavidad abdominal.

**Asma:** Enfermedad respiratoria caracterizada por sofocación y tos (seca o con expectoración).

**Atrofia:** El desgaste o disminución de tamaño de una actividad fisiológica o de una parte del cuerpo debido a una enfermedad u otras influencias.

**Atributos:** Las cualidades o propiedades inherentes a cualquier sustancia

*Auscultación:* El acto de escuchar sonidos del cuerpo.

*Bilis:* Líquido amargo secretado por el hígado: se almacena en la vesícula biliar y fluye hacia el intestino delgado. Ayuda al metabolismo de las grasas.

*Bronquitis:* Inflamación de los bronquios.

*Bursitis:* Inflamación de la estructura del tejido conjuntivo que rodea una articulación.

*Carminativo:* Sustancia que alivia los gases.

*Catabolismo:* El proceso destructivo del cuerpo: aspecto del metabolismo. (Ver anabolismo).

*Cervicitis:* Inflamación del cérvix (cuello del útero).

*Chakras:* Centros de energía del cuerpo que son responsables de los diferentes niveles de conciencia; fisiológicamente corresponden a los plexos nerviosos.

*Charak:* Gran médico ayurvédico que escribió uno de los textos clásicos de la Ayurveda: *Charak Samita.*

*Ciática:* Inflamación del nervio ciático caracterizada por un dolor en la parte baja de la espalda y que se extiende hacia la pierna.

*Colesterol:* Grasa cristalizada que se encuentra en todos los lípidos animales, aceites, leche, yemas de huevo, bilis, sangre, tejido cerebral, hígado, riñón y glándulas suprarrenales.

*Colitis:* Enfermedad crónica caracterizada por la secreción excesiva de mucosidades en el intestino grueso. Se distingue por estreñimiento o diarrea, el paso de mucosidades y pedazos membranosos en las heces.

| | |
|---|---|
| *Conjuntivitis:* | Inflamación de la membrana que protege los párpados. |
| *Dermatitis:* | Condición inflamatoria de la piel, caracterizada por el dolor, picor y color rojo. |
| *Diabetes:* | Condición clínica caracterizada por la excreción excesiva de orina y alto nivel de azúcar en la sangre. |
| *Despigmentación:* | La pérdida de color de la piel. |
| *Distensión:* | Hinchazón debido a presión interna. |
| *Diurético:* | Sustancia que incrementa la secreción de la orina. |
| *Eczema:* | Inflamación aguda o crónica de la piel. |
| *Edema:* | Condición en la que los tejidos del cuerpo retienen una cantidad excesiva de líquidos, lo que provoca hinchazón. |
| *Electrólito* | Un elemento o compuesto que cuando se derrite o se disuelve en agua u otro solvente, se disocia en iones que conducen corriente eléctrica. |
| *Emético:* | Sustancia que provoca vómito. |
| *Glándulas endocrinas:* | Glándulas cuya función es secretar en la sangre o linfas una sustancia que tiene efectos específicos sobre ciertos órganos y otras partes del cuerpo. |
| *Enteritis:* | Inflamación de los intestinos, generalmente el delgado. |
| *Epilepsia:* | Conjunto de desórdenes neurológicos caracterizados por repetidos ataques, desórdenes sensoriales, comportamiento anormal, pérdida de conciencia, o todos estos juntos. |

*Energía cósmica:* La energía omnipresente del universo.

*Espondilitis:* Condición de la columna vertebral caracterizada por la fijación o rigidez de una articulación vertebral.

*Expectorante:* Sustancia que promueve la expulsión de mucosidades u otras sustancia de los pulmones, bronquitis y tráquea.

*Faringitis:* Inflamación de la garganta.

*Fisonomía:* El estudio de los rasgos faciales.

*Flora:* Bacterias saludables presentes en varias partes del cuerpo, especialmente en el tracto digestivo.

*Fomentos:* Tratamiento a base de aplicaciones calientes y húmedas.

*Gonorrea:* Enfermedad venérea común que generalmente afecta el tracto genito-urinario.

*Gota:* Enfermedad distinguida por artritis aguda e inflamación de las articulaciones.

*Hemorroides:* Agrandamiento de las venas de la parte baja del recto o ano, debido a congestión.

*Hemoptisis:* Tos con sangre que viene de las vías respiratorias.

*Hemostático:* Sustancia que corrige el flujo sanguíneo.

*Ictericia:* Condición caracterizada por el color amarillo de la piel.

*Infusión:* El remojo de una sustancia en el agua para obtener principios activos.

| | |
|---|---|
| *Sarna:* | Enfermedad contagiosa caracterizada por el despellejamiento y picor de la piel. |
| *Leucoderma:* | Pérdida localizada del pigmento de la piel. |
| *Leucorrea:* | Condición en la que se expele una sustancia blancuzca y viscosa de la vagina y cavidad uterina. |
| *Linfadenitis:* | Condición inflamatoria de los nódulos linfáticos. |
| *Macrocosmos:* | El universo mismo; un sistema considerado como una entidad que contiene sustancias. |
| *Mal de Parkinson:* | Enfermedad neurológica caracterizada por temblores, rigidez muscular y movimientos lentos. |
| *Metabolismo:* | La suma de todos los procesos biofísicos y químicos a través de los cuales los organismos funcionan y mantienen la vida. Transformación de sustancias (tales como el alimento digerido) de las cuales se obtiene energía para el uso del organismo. |
| *Microcosmos:* | Representación diminuta del mundo; un sistema más o menos análogo a un sistema mucho más grande. |
| *Nervios aferentes:* | Impulsos sensoriales nerviosos que llevan las sensaciones al cerebro. |
| *Nervios eferentes:* | Impulsos sensoriales nerviosos que llevan las sensaciones del cerebro. |
| *Palpación:* | El acto de sentir con la mano; la aplicación de los dedos con ligera presión sobre la superficie del cuerpo para determinar la consistencia de las partes interiores. |
| *Patogénesis:* | Origen y desarrollo de una enfermedad. |
| *Peristalsis:* | Contracción rítmica de los músculos lisos que pasan el alimento a través del tracto digestivo. |

*Percusión:* El acto de tocar al cuerpo con golpecillos cortos y agudos como método de diagnóstico que revela la condición de esa área del cuerpo.

*Prana:* Es la energía vital (la energía de la vida) que activa al cuerpo y a la mente. *Prana* es responsable de las actividades cerebrales más altas, y es el motor de las actividades sensoriales. Localizada en la cabeza es la *prana* vital, mientras la *prana* presente en el aire cósmico es la *prana* nutriente. A través de la respiración existe un intercambio constante de energía entre la *prana* vital y la nutriente. Durante la inspiración, la *prana* nutriente entra en el sistema y nutre a la *prana* vital. Durante la espiración, se expelen productos sutiles de desecho.

*Psicosomático:* Perteneciente a la relación entre el cuerpo y la mente; tener síntomas físicos de origen psíquico, emocional o mental.

*Psoriasis:* Inflamación común de la piel que está determinada genéticamente.

*Ptosis:* Consideración anormal de uno o ambos párpados superiores, en la que éstos caen.

*Reumatismo:* Cualquier condición inflamatoria de las articulaciones, ligamentos o músculos, caracterizada por dolor y limitación de movimientos.

*Rinitis:* Inflamación de la membrana mucosa de la nariz.

*Síndrome de mala absorción:* Condición en la cual no se digieren, no se absorben ni se asimilan adecuadamente los alimentos.

*Samadhi:* Estado de equilibrio, gozo y bendición suprema.

| | |
|---|---|
| *Senos paranasales:* | Cavidad en un hueso. |
| *Sífilis:* | Infección venérea transmitida durante el acto sexual. |
| *Tridosha:* | Las tres organizaciones del cuerpo- *vata* (aire), *pitta* (fuego), *kapha* (agua)- que gobiernan la actividad psicosomática en la vida diaria. |
| *Tracto gastrointestinal:* | Los órganos que participan en la ingestión, digestión, absorción y eliminación, desde la boca hasta el ano. |
| *Untuoso:* | Que tiene las características, la naturaleza y la calidad de un ungüento. |
| *Urticaria:* | Una reacción sanguínea de la piel, caracterizada por la apariencia pasajera de manchas tenues, ligeramente elevadas que son más rojas o más pálidas que la piel que las rodea. Frecuentemente pican. |

❋

# Bibliografía

Charak Samhita. Varanasi, India; Chowkhamba Sanskrit Series, 1977.

Kudatarakar, Dr. M.N. Vikriti Vijnyana. India: Dhavantari Prakashan, 1959.

Patahk, Dr. R.R. Therapeutic Guide to Ayurvedic Medicine. Nagpur, India: Baidyanath, 1970.

Sharma, D.P. and Shastri, S.K. (eds.). Basic Principles of Ayurveda. Patna, India: Baidyanath Ayurveda Bhavan Ltd., 1978.

Sushrut Samhita. Varansi, India: Chowkhamba Sanskrit Series, 1963.

Udupa, K.N. and Singh, R.H. Science and Philosophy of Indian Medicine. Nagpur, India. Baidyanath, 1978.

# ABOUT THE AUTHOR

**DR. VASANT LAD M.A.Sc.**, brings a wealth of classroom and practical experience to the United States. A native of India, he served for three years as Medical Director of the Ayurveda Hospital in Pune, India. He also held the position of Professor of Clinical Medicine at the Pune University College of Ayurvedic Medicine where he instructed for 15 years. Dr. Lad's academic and practical training included the study of allopathy (Western Medicine) and surgery as well as traditional Ayurveda. Beginning in 1979, he has traveled throughout the United States sharing his knowledge of Ayurveda, and in 1984, he returned to Albuquerque as Director of the Ayurvedic Institute.

Dr. Lad is also the author of AYURVEDA, THE SCIENCE OF SELF HEALING and many published articles on various aspects of Ayurveda. He presently directs the Ayurvedic Institute in Albuquerque and teaches the three semester Ayurvedic Studies Certificate Program. Dr. Lad also travels extensively in North America throughout the year, consulting privately and giving seminars on Ayurveda; history, theory, principles and practical applications.

## THE AYURVEDIC INSTITUTE, ALBUQUERQUE, NM

Founded in 1984, the Ayurvedic Institute was established to promote an understanding of Ayurveda, probably the oldest system of total health (mental, physical and spiritual) known to man.

THE INSTITUTE offers certificate courses, seminars including Jyotisha and Sanskrit, a correspondence course in Ayurveda and membership which includes the quarterly journal "Ayurveda Today".

THE WELLNESS CENTER, incorporated within the Institute, offers consultations with Dr. Lad in person and over the phone, Pancha Karma and other Ayurvedic Treatments.

THE HERB DEPARTMENT, dispenses herbs and herbal compounds as well as Ayurvedic tinctures, oils and other products. Books pamphlets, audio and video tapes on Ayurveda are also available.

THE AYURVEDIC INSTITUTE
11311 Menaul NE
Albuquerque, NM 87112
(505) 291-9698

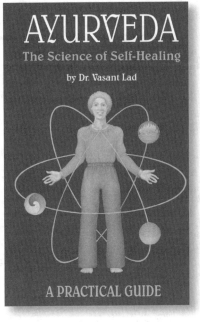